Deutsche Gesichter

aus zwei Jahrtausenden

Amelie Winther

Deutsche Gesichter
aus zwei Jahrtausenden

Ein Schau- und Lesebuch

© 2012 DSZ-Verlag GmbH, 81238 München
Alle Rechte bleiben vorbehalten.
Druck: DSZ-Druck GmbH ebenda
Printed in Germany
ISBN 978-3-925924-38-5

Inhaltsverzeichnis

Einleitung

Es zieht den Menschen immer zum Menschen. Auch in der Geschichte. Historische Ereignisse auf einem Zahlenstrahl aneinandergereiht mögen uns einige Orientierung bieten, Annalen über die wichtigsten Begebenheiten informieren, doch einen wirklichen Bezug zur Geschichte finden wir erst dann, wenn uns greifbar ihre wichtigen Gestalter und Gestalten entgegentreten. Das lässt Geschichte erst lebendig werden.

»Deutsche Gesichter aus zwei Jahrtausenden« begegnen im vorliegenden Buch dem Leser in Bild und Wort, große Persönlichkeiten der Vergangenheit, deren Taten und Zeugnisse nichts von ihrer Faszination verloren haben. Weil das Gesicht bei ihnen zum Siegel des Charakters wird, weil Wesen und Wirken unübersehbar deutlich in Beziehung zu einander stehen, treffen uns zum Beispiel die klaren Blicke Friedrichs des Großen so fordernd und ahnungsschwer die Augen Heinrich von Kleists. In ihren Zügen liegt die Handschrift des unmittelbaren Erlebens, untrennbar oft auch des unbegreiflichen Erleidens. Sie »sind eben alles Menschen gewesen«. Darüber hinaus aber sind die vorgestellten Personen immer Teil und Repräsentant ihres Volkes, des deutschen Volkes.

Geschichte sei das, was ein Zeitalter an einem anderen interessiert, meint der Schweizer Historiker Carl Burckhardt. Und was ist interessanter als der Mensch? Um Geschichte zu begreifen, muss man ihr begegnen! Dann entfaltet Goethes Erkenntnis nämlich seine ganze Bedeutung: »Das Beste, was wir von der Geschichte haben, ist der Enthusiasmus, den sie erregt.«

Auch in der bildenden Kunst sucht der Betrachter den Menschen. Gefallen können wir durch seine Symbolik und Ruhe an einem Stillleben finden, an sinnbildlichen Allegorien, an metaphorisch überhöhten Landschaftsporträts, an der Dramatik der Historienmalerei oder der Gelassenheit kleiner Genres. Aber wenn wir ehrlich sind, ergreift ein Werk uns mit aller Kraft nur dann, wenn wir in seinem – wortwörtlichen – Angesicht sagen können: Seht, welch ein Mensch! Das ist das Evangelium der Seele, die stets auf der Suche nach einem Sichfinden und Sichwiedererkennen ist.

Das Leben gehört dem Lebendigen an: Der Maler und Graphiker Karl Bauer hat das begriffen. Mit jedem Federzug, mit jedem Nadelstich oder Kohlestrich sieht uns aus seinen Porträts der Mensch entgegen. Mehr noch: Wenn er sich den Vergangenen zuwendet, ist es nicht unsere Neugier, die er befriedigt. Es ist etwas anderes. Er zeigt uns eine tiefe Wirklichkeit. Das ist Goethe, wie er gelebt, geliebt und gelitten hat, Unvergleichliches schuf, so muss der König Otto der Große ausgesehen haben, von dem es kein erhaltenes Bild gibt. Durch seine außerordentliche Vorstellungskraft gleicht Bauer aus, was die Geschichte als Zeugnis versagt hat.

Bauer gehörte wohl »zum Orden derer, denen alle Länder und Meere der Welt nicht genügen würden, wenn das Reich des Geistes und des Herzens unerobert bliebe«, wie Hans Carossa es ausdrückt. Bauer versenkte sich in eine Innenwelt. Dort traf er auf die großen Gestalten der Geschichte, blickte dem Dichter des Parzivals genauso ins Auge wie dem des Faust, und trat dem Erfinder der »schwarzen Kunst«, Gutenberg, gegenüber wie auch dem jungen Helden der Freiheitskriege, Theodor Körner. Nur so konnten seine ergreifenden Porträts entstehen, durch ein Sehen mit dem inneren Auge.

Natürlich griff er für die Porträts auch auf bekannte Vorlagen zurück, wo er sie denn hatte. Der Darstellung Eduard Mörikes beispielsweise lag eine Fotografie zugrunde, aber seine Meisterschaft tritt in vollem Ausmaß da zutage, wo sich aus dem einzig überlieferten Modell eine Momentaufnahme Heinrich von Kleists erhebt, die in wenigen Bleistiftstrichen das Charakteristische des Dichters illuminiert.

Stefan George schrieb 1895 in einem Briefentwurf, der für Hugo von Hofmannsthal bestimmt war: »Ob einer ein Dichter ist, entscheidet rascher und uns gerade so untrüglich sein Gesicht wie sein Gedicht.« Karl Bauer und George begegneten sich 1891 in Venedig. In den berühmten *Blättern für die Kunst,* 5. Folge 1901, durfte der dichtende Maler auch eigene Verse veröffentlichen. Sein Gedichtzyklus mit dem Titel »Gänge« kreist auf drei Seiten um die Liebe.

Geboren 1868 in Stuttgart, studierte Karl Bauer an der dortigen Kunstakademie und später an der Akademie der Bildenden Künste in München. Hier war er auch ein viel gefragter Illustrator der *Jugend.* Er gehörte dem Kreis um Stefan George an. Zu seinem 60. Geburtstag verfasste Karl Wolfskehl einen begeisterten Artikel in den *Münchner Neuesten Nachrichten* auf ihn unter der Überschrift: »Charakterkopf und Charakterköpfe«. Zwei Jahre später zog Bauer zurück nach Stuttgart und war stets auf den bedeutenden Kunstausstellungen vertreten. Am 5. Mai 1942 verstarb Karl Bauer während eines Besuchs in München.

❖ ❖ ❖

◈ Karl Bauer, Arminius

Arminius

Steckbrief

- Geboren um 17 vor Christus, gestorben um 21 nach Christus
- Fürst der Cherusker, germanischer Feldherr und Sieger über die Römer in der Schlacht im Teutoburger Walde

Chronik

Um die Zeitenwende ist Rom die Herrscherin der Welt. Über die Völker vom Atlantik bis Kleinasien, in Nordafrika und auch bis nach Germanien hinein erheben sich die Adler der Legionen. Aus allen Landen, die unterworfen worden sind, werden Sklaven und Gefolgsleute an den Tiber verschleppt und Kaiser Augustus vorgeführt. Der Erbe Cäsars weitet seine Offensiven ab dem Jahr 16 vor Christus östlich des Rheins aus. In den römischen Befestigungen, an deren Statt später Xanten, Mainz und Bonn entstehen, lässt er seine Truppen Stellung beziehen. Unter Drusus dringen sie 9 vor Christus bis zur Elbe vor.

Sowohl Drusus als auch sein Nachfolger Tiberius treffen bei ihren Schlachtzügen auf Cherusker, die in Cäsars Abhandlung über den Gallischen Krieg erstmals erwähnt worden sind. Die verschiedenen Germanenstämme sind unter einander heillos zerstritten. Darum dienen sich die Cherusken auch den Römern an, sie wollen mit dem mächtigen Bundesgenossen ihre eigene Stellung in Germanien festigen.

Verschiedene Sprachgelehrte stritten nach der Wiederentdeckung der germanischen Geschichte im 19. Jahrhundert um die Wortherkunft des Namens Cherusker. Jacob Grimm wollte darin das gotische

Wort für Schwert wiedererkennen, mehrere Mediävisten verwiesen auf das germanische Wort für Hirsch (*herut*), denn tatsächlich spielte dieses Tier in Kult und Alltag der Cherusker eine große Rolle. »Horskr« ist das altnordische Wort für klug – auch hierzu sah manch einer eine Verbindung.

Leben

Als Fürstensohn dieses klugen, wehrhaften Stammes wird Arminius, dessen germanischen Namen die Geschichte nie preisgegeben hat, um das Jahr 17 vor Christus geboren. Die Cherusker stehen zu dieser Zeit mit den Römern im Bunde. Als junger Mann kommt Arminius mit seinem Bruder Flavus nach Rom und erhält dort eine militärische Ausbildung. Unter dem lateinischen Namen Gaius Julius Arminius wird er sogar römischer Bürger im Ritterstand. Dem blonden Recken entgeht nichts, auf den Feldzügen seziert er jede taktische Schwäche, jede militärische Stärke der römischen Soldaten.

Als er nach Germanien zurückkehrt, gibt er sich noch für eine Weile als Freund der Römer aus. Zur selben Zeit feiert er Hochzeit mit Thusnelda, der Tochter seines erbitterten Gegners Segestes. Segestes ist es, der die kühnen Pläne des Arminius später an die Römer verraten wird, doch bei Varus auf taube Ohren stößt. Thusneldas Schicksal ist ein tragisches. Ihr Mann, der vom römischen Geschichtsschreiber Tacitus als »Befreier Germaniens« gefeiert werden wird, fällt Verrat und Mord zum Opfer. Der Mörder entstammt der eigenen Sippe. Thusnelda wird vom eigenen Vater an die Römer ausgeliefert und im Jahre 17 im Triumphzug des Germanicus durch Rom geführt. Arminius Sohn Thumelicus bringt sie in Gefangenschaft zur Welt. Seine Spur verliert sich bald im Dunkel der Geschichte.

Wirken

Drei Tage währt die Schlacht, die die Römer das Fürchten lehren sollte. Die verheerende Niederlage im Teutoburger Wald bringt die nimmersatte Weltmacht dazu, auf die rechtsrheinischen Gebiete zu verzichten, die Eroberungszüge nicht bis zur Elbe weiterzuführen. Arminius ist es zu verdanken, dass auf dem Boden Germaniens Deutschland entstehen konnte.

Mit äußerster Klugheit und Besonnenheit ging der junge Fürst vor. Warum genau er den Aufstand gegen die Besatzer plante, ist in der Geschichtswissenschaft umstritten. »Vielleicht durch die verschärfte Einführung römischer Verwaltungspraxis und Steuerpflicht gereizt«, mutmaßen Historiker. Vielleicht aber konnte er es nicht mehr ertragen, dass die eigene Sprache, die eigene Identität, die Seele des eigenen Volkes Tag für Tag unter fremdem Einfluss stand und verloren zu gehen drohte. Vielleicht konnte er es nicht mehr ertragen, dass man nicht Herr im eigenen Land war, dass man zu folgen und zu tun hatte, was der große Unterdrücker befahl.

Arminius Entschluss ist gefasst. Sorgsam bereitet er alles vor. Er holt die verschiedenen Germanenstämme hinzu, weil er weiß, dass sein kleines Heer aus Cheruskern gegen die römische Kriegsmaschinerie machtlos ist. Dem Zufall überlässt er nichts. Selbst der Ort der Schlacht ist wohl gewählt. Die alten, hohen Bäume im Osning, wie der Teutoburger Wald früher hieß, stehen mit den Germanen im Bund. Selbst das Wetter schlägt um: Gewitter, Blitz, Donner und Regen tauchen die Schlacht in ein apokalyptisches Licht.

Varus befindet sich mit 20 000 Mann in drei Legionen, drei Alen und sechs Kohorten auf dem Weg vom Sommerquartier in das Winterlager, als Arminius Falle zuschnappt. Kaum ein Römer wird verschont, die Verbände beinahe vollständig zerrieben. Varus stürzt sich in sein Schwert.

Die Geburtsstunde, der Urknall der deutschen Geschichte fällt in den September des Jahres 9 nach Christus. Zwei Jahrtausende währt das Andenken des Mannes, der das Unmögliche vollbrachte.

Im Begeisterungstaumel der Befreiungskriege und ernüchtert von der Restauration des Wiener Kongresses, der den Deutschen 1815 die Einigkeit, die Arminius einst den Sieg gebracht hatte, versagte, entschloss sich der Baumeister Ernst Bandel dazu, dem Helden ein Denkmal zu errichten. »Deutsche Einigkeit – meine Stärke, meine Stärke – Deutschlands Macht« ist auf dem Schwert zu lesen, das die steinerne Figur des Hermannsdenkmals seit 1875 in der Nähe der Externsteine in den Himmel reckt.

Zeugnis

(Der römische Offizier und Geschichtsschreiber Velleius
Paterculus schilderte in seinem historischen Abriss
Historia Romanae im Jahre 29/30 nach Christus auch
die Umstände der Schlacht im Teutoburger Walde.)

Quintilius Varus, aus einer mehr bekannten als vornehmen Familie, war ein Mann von mildem Wesen, ruhigem Charakter, an Körper und Geist wenig regsam, mehr an das Nichtstun im Lager als an wirklichen Kriegsdienst gewöhnt. Wie wenig er übrigens das Geld verachtete, zeigte er in Syrien, wo er Statthalter gewesen war. Arm kam er in die reiche Provinz, und reich ging er aus der armen fort.

Als er das Heer in Germanien befehligte, bildete er sich die Meinung, dass die Bewohner Menschen seien, die außer der Stimme und den Gliedern nichts von Menschen an sich hätten, und dass sie, die durch das Schwert nicht unterworfen werden konnten, durch das Recht gefügig gemacht werden könnten …

Die Barbaren aber – man sollte es kaum glauben, wenn man es nicht erlebt hätte –, ein Menschenschlag, der bei größter Wildheit äußerst verschlagen und zum Lügen geboren ist, führten zum Schein ganze Reihen erfundener Rechtshändel … So verleiteten sie Quintilius Varus zu äußerster Sorglosigkeit.

Da benutzte ein junger Mann von vornehmer Abkunft, persönlicher Tapferkeit, rascher Auffassung und einer genialen Klugheit, die jenseits der Begabung eines Barbaren liegt, die Stumpfheit des Feldherrn zur Ausführung seines Frevels. Er hieß Arminius, war der Sohn des Segimer, eines Fürsten aus diesem Stamme. Schon sein Gesichtsausdruck und seine Augen verrieten das Feuer seines Geistes. Er war ein ständiger Begleiter auf unseren früheren Feldzügen gewesen und hatte sogar nach dem Recht des römischen Staates die Würde eines Ritters erlangt. Treffend erkannte er, dass niemand schneller überwältigt wird als der, der nichts Schlimmes ahnt, und dass meistens der Anfang des Unglücks die Sorglosigkeit ist. Daher machte er anfangs nur wenige, dann mehrere zu Vertrauten seines Planes.

Er behauptet und überzeugt sie, dass die Römer überwältigt werden könnten, er lässt seinen Entschlüssen bald Taten folgen und setzt den Zeitpunkt für den Überfall fest. Dies wurde dem Varus durch Segestes, einen treuen und angesehenen Mann dieses Stammes verraten. Doch trat schon das Verhängnis der klaren Überlegung in den Weg. Varus versagte daher der Botschaft den Glauben.

Legende

(Christian Dietrich Grabbe schrieb 1836, wie vor ihm schon Klopstock und Kleist, ein Drama auf den Sieg Hermanns des Cheruskers mit dem Titel *Die Hermannsschlacht*. Die Uraufführung fand erst 1934 statt.)

HERMANN *blickt auf die an der Spitze der Heeres marschierenden Römer.*

Die gleißenden Schurken! Wie sie unsren edlen Boden mit fremdem Waffenprunk beflecken!

Er sieht sich um.

Deutschland, verlass mich nicht mit deinen Fluren, Bergen, Tälern, und Männern! Ich kämpfe ja nur deinethalb: die Feinde sollen deine Waldungen nicht zum Schiffsbau zerschlagen,

15

dir deine Herrlichkeit, deinen Söhnen ihr Blut und ihre
Freiheit nicht nehmen! –
Du mit ewigem Grün prangender Rhein, du donnernde
Donau, du, meine Weser, und du leuchtende Elbe, die ihr alle
in so vielen Schlachten uns zur Seite wart,
helfende, blitzende unendliche Schwerter, – ihr solltet
speichelleckend fluten unter dem Brückengekett des Römers?
Nein, wir sind dankbar, und werden euch erlösen.

❖ ❖ ❖

Ludwig van Beethoven

Steckbrief

- Geboren am 16. Dezember 1770 in Bonn,
  gestorben am 26. März 1827 in Wien
- Komponist, Vollender der Klassik, Wegbereiter der Romantik

Chronik

Verschiedenste Strömungen reißen sich im späten 18. Jahrhundert um die Gemüter der Zeit. Der breite Fluss der Klassik mäandert durch die Seelenlandschaft, gespeist vom klaren Gebirgsquell der Aufklärung. Mehr ein Bächlein plätschert die Empfindsamkeit vor sich her, überdröhnt vom Wasserfall des Sturm und Drangs. Und von Ferne hört man auch schon die romantischen Brunnen geheimnisvoll rauschen. Dieses Spannungsfeld der Kunstrichtungen beeinflusst das Geistesleben in Deutschland bis ins 19. Jahrhundert hinein. Man spricht von der Goethezeit. Zwei Seelen wohnen, ach, in meiner Brust – dieser Satz aus seinem *Faust* ist auch charakteristisch für die Epoche. Vernunft und Gefühl, Atheismus und Frömmigkeit, Religion und Aufklärung stehen sich allerorten gegenüber im Wettstreit.

Gesellschaftlich fallen zwei Ereignisse ins Gewicht: Die Französische Revolution beendet alle romantischen Träume von Freiheit, Gleichheit und Brüderlichkeit, obwohl sie sich gerade das auf die Fahnen geschrieben hatte. Die Geistesgrößen auch in Deutschland feiern die Erhebung zunächst, nehmen aber Abstand, sobald sie ihre blutigen und terroristischen Ausmaße erkannt haben. Ebenso fällt das Urteil über Napoleon aus. Die zweite große Zäsur setzt wenige Jahre später die Industrielle Revolution.

◆ Karl Bauer, Beethoven

Leben

Ludwig van Beethovens Vorfahren väterlicherseits stammen aus Flamen. Musikalische Begabung ist ihm in die Wiege gelegt. Der Großvater war Hofkapellmeister des Kurfürsten von Köln. Auch der Vater verdient sich seinen Lebensunterhalt als Musiker und Tenor der Hofkapelle. Ludwig ist eines von sieben Kinder seiner Eltern und eines von den dreien, die das Säuglingsalter überstehen. Er ist vier Jahre alt, als der Vater beschließt, sein Talent zu fördern. Der Knabe erhält Klavierunterricht. Vier Jahre später tritt er das erste Mal öffentlich auf. Vater Beethoven schummelt den Sohn dabei auf sechs Jahre herunter. Doch auch eine Reise nach Rotterdam, die Beethoven als musikalisches Wunderkind präsentieren soll, gerät nicht zum Erfolg. Ab 1782 erhält er Unterricht beim Komponisten und Kapellmeister Christian Gottlob Neefe, der auch für die erste Veröffentlichung von Beethovens Kompositionen sorgt. Und die treffen genau den Geschmack der wichtigsten Herren. Neefe ist überzeugt, sein Schützling werde »gewiß ein zweiter Wolfgang Amadeus Mozart werden, wenn er so fortschritte, wie er angefangen«.

1787 stirbt Beethovens Mutter, der Vater verfällt mehr und mehr dem Alkohol. Ludwig spürt das erste Mal eine große Verantwortung auf seinen Schultern lasten, als der Vater entmündigt wird. 1792 erlöst den Vater der Tod.

Eine Wienreise wird zum dauerhaften Aufenthalt, denn seit 1794 ist das Rheinland französisch besetzt, die Zahlungen des Kurfürsten an den Komponisten bleiben aus. Nun will er in Wien, der Musikmetropole des Reiches, sein Glück machen. Das scheint ihm auch hold, Haydn unterrichtet ihn, Mäzene unterstützen ihn. Am erfolgreichsten ist er, wenn er seine Klaviersonaten in virtuoser Manier selbst vorspielt. Erfolgsauftritte in Prag, Dresden und Berlin folgen und gewähren Beethoven einige finanzielle Sicherheit.

Über die *Appassionata* sagte Bismarck später: »Das sind die Kämpfe und das Schluchzen eines ganzen Lebens.« Als er solche Stücke schreibt, ist das Schicksal längst über ihn eingebrochen.

Beethoven, der in Tönen und Klängen denkt und lebt, verliert sein Gehör. Welch unermessliche Tragik in dieser Feststellung liegt! »Für dich, armer Beethoven, gibt es kein Glück von außen, du musst es dir alles in dir selbst erschaffen«, notiert er in sein Tagebuch. Schon taub vollendet er seine 9. Sinfonie. Er dirigiert die Uraufführung. Jemand muss ihn zum Publikum umdrehen, um ihn auf den frenetischen Applaus hinzuweisen.

1825 wird er schwer krank. Schon länger leidet er an Leberzirrhose und Gelbsucht. Letzte Erholung sucht er 1826 auf dem Landgut seines Bruders in Niederösterreich. Von einer Lungenentzündung kann er nicht mehr genesen. Am 26. März 1827 stirbt Beethoven.

Wirken

Es war Friedrich Nietzsche, der einmal bemerkte (in *Menschliches, Allzumenschliches*): »Goethes Vornehmheit und Neidlosigkeit, Beethovens edle einsiedlerische Resignation, Mozarts Anmut und Grazie des Herzens, Händels unbeugsame Männlichkeit und Freiheit unter dem Gesetz, Bachs getrostes und verklärtes Innenleben, welches nicht einmal nötig hat, auf Glanz und Erfolg zu verzichten, – sind denn dies deutsche Eigenschaften? – Wenn aber nicht, so zeigt es wenigstens, wonach Deutsche streben sollen und was sie erreichen können.« Die genannten Namen aber sind es, die weltweit Deutschland und die Deutschen repräsentieren – und bis auf Goethe sind alle Musiker. Die Deutschen gelten nämlich nicht nur als Volk der Dichter und Denker, sondern vor allem auch als Volk der Tondichter. So schreibt der französische Schriftsteller Victor Hugo: »Der deutsche Geist ist wie eine unermessliche Geistwolke, durch welche Sterne glänzen. Der höchste Ausdruck Deutschlands aber kann vielleicht nur durch die Musik gegeben werden.«

Als drei Tage nach Beethovens Tod das Begräbnis stattfand, folgten Zehntausende dem Sarg durch die Straßen Wiens. Am Eingang des Währinger Ostfriedhofes (später wurden Beethovens Gebeine auf den Zentralfriedhof umgebettet) erklingt die feierliche Stimme des Burgtheater-Schauspielers Heinrich Anschütz. Er trägt die ergreifende Grabrede vor, die Österreichs großer Dichter Franz Grillparzer auf den Dahingeschiedenen verfasst hat. Sie beginnt:

> »Indem wir hier an dem Grabe dieses Verblichenen stehen, sind wir gleichsam die Repräsentanten einer ganzen Nation, des deutschen gesamten Volkes, trauernd über den Fall der einen hochgefeierten Hälfte dessen, was uns übrig blieb von dem dahingeschwundenen Glanze heimischer Kunst, vaterländischer Geistesblüte.«

Die weltberühmte Pianistin Elly Ney (1882–1968), eine der bedeutendsten Beethoven-Interpretinnen überhaupt, sagte einmal: »Töne sind Kräfte. Wer einmal in den Geist Beethovens eingedrungen ist, kann keine Lüge mehr vertragen.«

Mit der 9. Sinfonie und dem Finale auf Schillers *Ode an die Freude* schuf er eines der berühmtesten Stücke der Musikgeschichte. Die Originalpartitur zählt seit über zehn Jahren zum Weltdokumentenerbe der UNESCO. Die ganze 9. Sinfonie hatte Beethoven Preußens König Friedrich Wilhelm III. gewidmet, der in den Befreiungskriegen gegen Napoleon den Aufruf »An mein Volk« zur Beschwörung der Einheit von Krone, Armee und Volk erlassen hatte.

Auch der als Lützower Jäger gefallenen Eleonore Prochaska huldigte Beethoven. Der Tondichter war durchglüht von Vaterlandsliebe und wildem Zorn gegen den korsischen Usurpator. Als der auch Preußen besiegt hatte, schrieb Beethoven 1809 an seine Verleger Breitkopf und Härtel, dass nunmehr Österreich »das noch einzige deutsche Vaterland« sei. Schon Jahre zuvor hatte er sich dem »Corps der Freiwilligen« zur Verteidigung Wiens angeschlossen und das *Kriegslied der Österreicher* des Dichters Friedelberg mit den Eingangsversen »Ein großes deutsches Volk sind wir« vertont. »Europens Befreiungsstunde«, »Germania, wie stehst du jetzt im Glanze da«, »Der glorreiche Augenblick«, »Wellingtons Sieg« oder der »Chor der verbündeten Fürsten« sind als Beethovens musikalische Ehrerbietung für die Helden der Freiheitskriege zu werten.

◆ Karl Bauer, Beethoven

Bei der Uraufführung seiner 7. Sinfonie in Wien befanden sich auch Invaliden aus dem Kampf gegen Napoleon im Publikum. So rief der Komponist aus: »Uns alle erfüllte nichts als das reine Gefühl der Vaterlandsliebe und des freudigen Opfers unserer Kräfte für diejenigen, die uns so viel geopfert haben.«

Zeugnis
(Während einer Kur in Heiligenstadt 1802 klagte Beethoven
seinem Bruder sein Leid und seine Todesangst, gleichzeitig
hinterließ er mit dem Brief sein Testament.)

O ihr Menschen, die ihr mich für feindselig, störrisch oder misanthropisch haltet oder erkläret, wie unrecht tut ihr mir, ihr wisst nicht die geheime Ursache von dem, was euch so scheinet, mein Herz und mein Sinn waren von Kindheit an für das zarte Gefühl des Wohlwollens, selbst große Handlungen zu verrichten dazu war ich immer aufgelegt, aber bedenket nur, dass seit sechs Jahren ein heilloser Zustand mich befallen, durch unvernünftige Ärzte verschlimmert, von Jahr zu Jahr in der Hoffnung gebessert zu werden, betrogen, endlich zu dem Überblick eines daurenden Übels (dessen Heilung vielleicht Jahre dauern oder gar unmöglich ist) gezwungen. Mit einem feurigen lebhaften Temperamente geboren, selbst empfänglich für die Zerstreuungen der Gesellschaft, musste ich früh mich absondern, einsam mein Leben zubringen, wollte ich auch zuweilen mich einmal über alles das hinaussetzen, o wie hart wurde ich durch die verdoppelte traurige Erfahrung meines schlechten Gehörs dann zurückgestoßen, und doch war's mir noch nicht möglich den Menschen zu sagen: sprecht lauter, schreit, denn ich bin taub … Welche Demütigung wenn jemand neben mir stund und von weitem eine Flöte hörte und ich nichts hörte, oder jemand den Hirten Singen hörte, und ich auch nichts hörte.

Solche Ereignisse brachten mich nahe an Verzweiflung, es fehlte wenig, und ich endigte selbst mein Leben – nur sie, die Kunst, sie hielt mich zurück, ach, es dünkte mir unmöglich, die Welt eher zu verlassen, bis ich das alles hervorgebracht, wozu ich mich aufgelegt fühlte, und so fristete ich dieses elende Leben – wahrhaft elend, einen so reizbaren Körper, dass eine etwas schnelle Veränderung mich aus dem besten Zustande in den schlechtesten versetzen kann – Geduld – so heißt es. Sie muss ich nun zur Führerin wählen, ich habe es – dauernd hoffe ich, soll mein Entschluss sein, auszuharren, bis es den unerbittlichen Parzen gefällt, den Faden zu brechen, vielleicht geht's besser, vielleicht nicht, ich bin gefasst. –

Gottheit du siehst herab auf mein Inneres, du kennst es, du weißt, dass Menschenliebe und Neigung zum Wohltun drin hausen, o Menschen, wenn ihr einst dieses leset, so denkt, dass ihr mir unrecht getan, und der Unglückliche, er tröste sich, einen seinesgleichen zu finden, der trotz allen Hindernissen der Natur, doch noch alles getan, was in seinem Vermögen stand, um in die Reihe würdiger Künstler und Menschen aufgenommen zu werden.

Legende

(Bettina von Arnim in Briefen an Goethe, die sie nach einer
Begegnung mit Beethoven schrieb)

Es ist Beethoven, von dem ich Dir jetzt sprechen will, und bei dem
ich der Welt und Deiner vergessen habe; ich bin zwar unmündig,
aber ich irre darum nicht, wenn ich ausspreche (was jetzt vielleicht
keiner versteht und glaubt), er schreitet weit der Bildung der ganzen
Menschheit voran, und ob wir ihn je einholen? – Ich zweifle; möge
er nur leben, bis das gewaltige und erhabene Rätsel, was in seinem
Geiste liegt, zu seiner höchsten Vollendung herangereift ist, ja, möge
er sein höchstes Ziel erreichen, gewiss, dann lässt er den Schlüssel zu
einer himmlischen Erkenntnis in unseren Händen, die uns der wahren Seligkeit um eine Stufe näher rückt.

Vor Dir kann ich's wohl bekennen, dass ich an einen göttlichen
Zauber glaube, der das Element der geistigen Natur ist, diesen Zauber übt Beethoven in seiner Kunst; alles, wessen er Dich darüber belehren kann, ist reine Magie, jede Stellung ist Organisation einer höheren Existenz, und so fühlt Beethoven sich auch als Begründer einer
neuen sinnlichen Basis im geistigen Leben.

❖ ❖ ❖

Otto von Bismarck

Steckbrief

- Geboren am 1. April 1815 in Schönhausen, gestorben am 30. Juli 1898 in Friedrichsruh bei Hamburg.
- Politiker, Denker, Staatsmann

Chronik

Die letzten Schüsse der großen Völkerschlacht sind nur wenige Jahre verhallt, Europa liegt im wehen Nachzucken der napoleonischen Ära, die Lieder der Befreiungskriege haben von den Schlachtfeldern in die Schulbücher gefunden. Bismarcks Jugend steht unter dem unmittelbaren Eindruck der Zersplitterung Deutschlands. Länder, Stände, Ideale: die geistige wie politische Landschaft gleicht einem Flickenteppich. Alles ist in Bewegung. Restauration und Revolution, Monarchie und Hegemonie. Der Biedermeier stülpt seinen dicken Schlafrock über die Bürgerstuben, gleichzeitig aber verbinden sich junge Studenten, tragen noch einmal die schwarz-rot-goldenen Farben der stürmenden Freiheitskämpfer herauf: von Lützows wilden verwegenen Jägern.

Aber auch Hitzköpfe durchmessen das Land mit ihren Pamphleten. Heine erklärt Deutschland zur *terra non grata*. Andere übereifern sich zu sinnlosen Attentaten, wieder andere kuschen kleinherzig vor den Zensurhütern. Es kommt zu unheimlichen Spannungen in der Literatur, aber auch in den sozialen Schichten. Alles drückt und zieht und droht zu brechen. Die Macht der Medien wächst sich zum treibenden Faktor aus. Alle Strömungen, alle Bewegungen stoßen aneinander. Die Stände stehen auf, die Studenten voran. Das politische Flugblatt und die Zeitungspresse sind der Motor für die

❖ Karl Bauer, Bismarck

Eskalation, bis es 1848 zur Revolution kommt, die endlich den Knoten platzen lässt.

Es kommt zur Nationalversammlung in der Frankfurter Paulskirche, aber die erkämpften Ziele verpuffen im Plauderdampf der Bürgerlichkeit. Bald schon peitscht die soziale Frage erneut die Ängste auf, kriecht in die persönlichsten Bezirke. Es ist die Zeit, in der die Großstadt entsteht, sich mit Mietskasernen und Fabriken umgürtet. Der Typus des Arbeiters bildet sich heraus, und mit ihm ein ganz neues Verhältnis des Menschen zu seiner Leistungskraft und den Bedingungen des Broterwerbs.

Leben

Otto von Bismarck geht auf Wunsch der Mutter zunächst auf ein Berliner Internat, die Plamann'sche Erziehungsanstalt, gerät sehr bald in Konflikt mit den dortigen Autoritäten, so dass er auf das Berliner Friedrich-Wilhelms-Gymnasium wechselt und danach auf das humanistische Gymnasium zum Grauen Kloster. Sehr früh lernt Bismarck den Kampf gegen die Obrigkeit zu führen, ein Charakterzug, der sich durch sein ganzes Leben als eines seiner ausgeprägtesten Wesensmerkmale erhalten wird.

Er nimmt das Studium der Rechtswissenschaft in Göttingen auf und schließt sich einer Studentenverbindung an, dem Corps Hannovera Göttingen. 1833 wechselt Bismarck an die Berliner Friedrich-Wilhelms-Universität. Er schließt dort mit dem Ersten Staatsexamen ab und erhält auch eine Anstellung beim Berliner Stadtgericht. Jedoch bringen ihn sehr bald verschiedene Frauenbekanntschaften von der Dienstverpflichtung ab, dass er sogar seine Referendarstelle verliert ...

1838 meldet sich Bismarck als Einjährig-Freiwilliger. Er kommt zum Garde-Jäger-Bataillon und bald zum Jäger-Bataillon Nr. 2 nach Greifswald. Danach wird er Gutsverwalter auf verschiedenen Familienbesitzungen und bewährt sich unter anderem erfolgreich als

Landwirt. Aus dieser Eigenschaft heraus tritt er auch zum ersten Mal in die politische Sphäre, indem er auf Kommunalebene und bald darauf auf Landesebene aktiv wird. Der Anlauf zur Spitze des Staates beginnt.

Bismarck zeichnet sich durch seinen strategischen Weitblick und politischen Scharfsinn aus, auch fehlt es ihm nicht an Härte und Willen. Immer wieder setzt er sich gegen seine Widersacher durch. Er wird schließlich zum Gesandten in St. Petersburg und Paris ernannt, dann preußischer Ministerpräsident und schließlich und endlich Reichskanzler. Dazwischen liegen die bismarckschen Meisterbriefe in der politischen Raffinesse: der sogenannte Verfassungskonflikt, der Deutsch-Dänische und der Deutsch-Französische Krieg mit dem vergoldeten Schlussstein der Reichsgründung 1871 im Spiegelsaal zu Versailles.

Wirken

Bismarcks gewaltige Persönlichkeit und sein ebenso gewaltiges Wirken sind untrennbar gekoppelt. Er konnte nur zum »Eisernen Kanzler« werden, weil sein Hauptwesenszug, das Format seines Charakters »eisern« war. Er steht damit im deutlichen Kontrast zu den Schattenfiguren des aktuellen politischen Geschehens und leuchtet uns durch die Geschichte.

Gleich zwei große Jahrhunderttaten sind Bismarcks Verdienst: Die durch einen diplomatischen Handstreich herbeigeführte Reichsgründung 1871 und die Schaffung der Grundlagen der deutschen Sozialgesetzgebung. Otto von Bismarck führte 1883 die Krankenversicherung und 1884 die Unfallversicherung ein, eine Innovation, die in den Begleiterscheinungen der gewaltigen Industrialisierungsprozesse ihren Antrieb sah. Die große Not der Arbeiterschaft, deren gesundheitliche Ressourcen durch die aufkommenden Wirtschafts- beziehungsweise Ausbeutungskonzepte der Schwerindustrie ebenso bedroht waren wie die realsozialen Mindestbedürfnisse, gebot einerseits gesetzliche Fürsorge und Sicherung. Andererseits lieferten die Forderungen des Proletariats dem politischen Kalkül Bismarcks scharfe Munition, denn durch die eingeführte Sozialgesetzgebung von Seiten der herrschenden Staatsautorität, die Bismarck vertrat, wurde zugleich jedwede Aktions- und Protestgrundlage der Sozialisten für nichtig erklärt, die zu jenem Zeitpunkt die größte politische Bedrohung der Monarchie darstellten.

Bismarcks Absicht, die innenpolitische Lage zu stabilisieren, hatte damit einen regelrechten Faustpfand in die Hände bekommen und fixierte sich in aller Konsequenz in den sogenannten Sozialistengesetzen, dem »Gesetz gegen die gemeingefährlichen Bestrebungen der Sozialdemokratie«.

Und noch eine Tat Bismarcks ist von überragender Bedeutung: Seine kluge, umsichtige Bündnispolitik sicherte dem jungen Deutschen Reich eine über vier Jahrzehnte währende Epoche des Friedens.

Zeugnis

»Es gibt kaum ein Wort heutzutage, mit dem mehr Missbrauch getrieben wird als mit dem Wort ›frei‹. Ich traue dem Wort nicht, aus dem Grunde, weil keiner die Freiheit für alle will: jeder will sie für sich.«

»Geschieht die Zertrümmerung des Staates durch revolutionäre Elemente, so wird der geschichtliche Kreislauf immer in verhältnismäßig kurzer Zeit zur Diktatur, zur Gewaltherrschaft, zum Absolutismus zurückführen, weil auch die Massen schließlich dem Ordnungsbedürfnis unterliegen.«

Legende

»Man mag Bismarck lieben oder hassen, so muss doch immer zugestanden werden, dass intellektuell dasselbe von ihm gilt, was in physische Beziehung von ihm gesagt wird: ein gewaltiger Mann.«

Theodor Fontane

»Bismarck ist wichtiger für das Reich als ich.
Es ist nicht leicht, unter diesem Kanzler Kaiser zu sein.«

Wilhelm I., Deutscher Kaiser

»Mehr als je brauchen wir den dröhnenden Ruf: Eins ist not! Und was ist dieses Eine? Die Durchgöttlichung unserer Seele! Eins tut not: dass den tüchtigen Werktagen der entsprechend edle Sonntag nicht fehlt! Nur ein Genie, ein seelischer Bismarck kann diesem ›Eins tut not!‹ neue, siegreich-bezwingende Ausdrucksform für die Gesamtheit geben. Derweil aber haben wir anderen die ehrenvolle Aufgabe, Fackelhalter zu sein. Fackelhalter am Tor zur durchleuchteten Persönlichkeit.«

Friedrich Lienhard

❖ ❖ ❖

Albrecht Dürer

Steckbrief

- Geboren am 21. Mai 1471 in Nürnberg,
  gestorben am 6. April 1528 ebenda
- Maler, Grafiker, Kunsttheoretiker, Mathematiker

Chronik

Nürnberg im 15. Jahrhundert hat Weltgeltung. In der Metropole des Deutschen Reiches residiert das aufgestiegene Kapital, die Fuggeropponenten Tucher und andere reiche Patrizierfamilien wie die Imhoffs oder die Pirckheimers. Kaiser und Kardinäle sieht man mit beinahe derselben Selbstverständlichkeit wie Kaufleute durch die fachwerkbegrenzten Gassen ziehen.

Das bürgerliche Leben pulsiert. Die Nürnberger sind so voll Stolz und Selbstbewusstsein (und Finanzkraft), dass sie dem Burggrafen 1427 nicht nur seine Reichswälder, sondern sogar die Burg abkaufen. Kein Wunder also, dass auf dem Reichstag im Jahr 1489 sich andere Reichsstädte im Schutz der Nürnberger Mauern ausbedingen, eine eigene Korporation bilden zu dürfen. Meistersinger sorgen für Unterhaltung. Behaim mit seinem Globus und Henlein mit seiner Taschenuhr gewährleisten Welterfolg »made in Germany«.

Aber auch der Kaiser schätzt des »Reiches Schatzkästlein«. Nach der Goldenen Bulle von 1356 (natürlich in Nürnberg verkündet) hat jeder Herrscher seinen ersten Reichstag hier abzuhalten, 1424 wird Nürnberg Sitz des Reichsregiments und Hüterin der Reichskleinodien, die ihr auf immerwährende Bewahrung anvertraut werden. Dürer wird sie später zeichnen.

◆ Karl Bauer, Dürer

Leben

Albrecht Dürer ist das dritte von achtzehn Kindern. Nur zwei seiner Geschwister erreichen ebenfalls das Erwachsenenalter. Der Vater ist Goldschmied und so beginnt auch der Knabe diese Lehre. Er lernt noch Graveur dazu. Beides aber erfüllt den jungen Mann nicht genügend, seine Gabe drängt ihn, den Vater zu überreden, ihm noch die Ausbildung zum Maler zu erlauben. Vater Dürer willigt schließlich ein. Albrechts erster Lehrmeister heißt Michael Wohlgemuth (1434–1519). Der Schriftsteller und Kunstkritiker Joachim Fernau kommentierte dessen Schaffen: »Der Name strahlt Bravheit und Harmlosigkeit aus. So malt Wohlgemuth auch.« Das will und kann dem jungen Dürer aber nicht genügen. Er spürt, dass er fort muss, um reif werden zu lassen, was in ihn gesät ist. Zu Ostern 1490 beginnt er die erste seiner drei großen Reisen. Sie führt an den Oberrhein, in die Niederlande, ins Elsass. In Basel schneidet er die Bilder zu Sebastian Brants zeitkritischem *Narrenschiff.*

Die Jahre der Wanderschaft sollen ihm ein neues Gepräge geben. Als Dürer schließlich zurückkehrt, heiratet er Agnes Frey, eine Tochter aus angesehener Nürnberger Bürgerfamilie. Die Ehe bleibt kinderlos. »Mein Agnes«, wie er sie nennt, steht ihm oftmals Porträt. Nach der Hochzeit verfügt er über den gesicherten Lebenshintergrund, der ihm seine künstlerischen Hochflüge ermöglicht. Er unterrichtet nun selbst Lehrlinge. Seine Stiche und Schnitte werden en masse produziert, und Agnes verkauft sie wie geschnitten Nürnberger Lebkuchen. Dürer berührt etwas in den Menschen, das sie lange verschüttet wussten und nun entdeckt fühlen. Wer Rang und Namen hat, will sich von diesem Maler porträtieren lassen. Er ist Gast bei Königen und Kaisern.

1500 entsteht sein berühmtes Selbstbildnis im Pelzrock: »So malte ich, Albrecht Dürer aus Nürnberg, mich selbst mit unvergänglichen Farben im Alter von 28 Jahren.« Noch einmal Fernau: »Es ist das erste große, demonstrative, bekennerische Solo-Selbstbildnis des ganzen abendländischen Nordens!« Die Worte des Humanisten Willibald Pirckheimer, eines Freundes Dürers, aufgreifend: »Siehe, welch ein deutscher Mensch!«, legte Josef Weinheber in seinem Gedicht »Dürers Selbstbildnis« dem Künstler die Verse in den Mund: »Als meines Volkes gültige Gestalt, / für alle da, so hab ich mich gemalt«.

Wirken

Dürer ist der erste Künstler, der seine Werke kontinuierlich mit seinem Kürzel, AD, versieht, auch um Nachahmung und Raubdrucke zu vermeiden. Manchmal fügt er hinzu: *Civis Germanus sum!* – Ich bin ein deutscher Bürger.

Natürlich beherrscht er das Lateinische. Er entscheidet sich aber, sein Lehrbuch über die Malerei auf Deutsch zu schreiben. Zeitgleich mit Martin Luther, den er leidenschaftlich bewundert, ebnet er der deutschen Sprache hier den Weg. Vielleicht von geringerer Bedeutung als der Reformator, aber doch ein Bekenntnis ist sein »Dürer-Deutsch«. Und es berührt so seltsam, wenn er auf einer seiner letzten Zeichnungen vermerkt: »Do mit den finger drauff deut, do ist mir we.«

Die Entdeckung der menschlichen Seele, die Betonung der Individualität, der Fokus auf der Einzigartigkeit – das macht Dürers Porträts aus, das ist seine größte und beständige Leistung. Herbert Eulenberg hat das in »Gedanken über Dürer« sehr bildhaft auf den Punkt gebracht: »Alle seine Menschen haben etwas Sonderbares, Apartes, ihnen schmerzlich Eigentümliches. Jeder hat sein eigen Gesicht wie seine Seele, und seine besonderen Eckchen und Fältchen, Hans Tucher so gut wie Kaiser Maximilian und der Apostel Petrus. Und wenn man selbst das harte normale Stadtverordnetengesicht des Jakob Muffel lange betrachtet, wird es einem plötzlich, als sähe man diesen scheinbar ruhigen Mann nachts vom Bett aufspringen und mit heißen, zitternden Händen an seinen Truhen und Schränken herumstreichen, um sich zu überzeugen, dass alles verschlossen sei … Und so ist es mit jeglichem Bilde, das der Meister gemalt hat, es führt sein eigenes, seltsames, begrenztes Leben, und ist nicht ein Mensch dem andern gleich auf Erden. Für diese Verschiedenheit der Menschen hat kein Maler auf der ganzen Welt wohl schärfere Augen gehabt als Albrecht Dürer.«

Eine Anekdote besagt, dass ein Schüler Dürers ihn einmal getadelt habe, das Porträt der Mutter Dürer habe wenig Ähnlichkeit mit der Wirklichkeit, sie sei nicht hässlich genug. Als Dürers Mutter gestorben war, erinnerte sich der Meister des Schülers und holte ihn ans Totenbett, damit der erkenne, »dass sie in ihrem Tod viel lieblicher sach dann da sie noch das Leben hätt«. Der Schüler berichtete weiter: »Und mir war dabei, als ob Meister Albrecht sie schon im Leben so oft wie heute auf der Totenbahre gesehen habe.«

Dürer verweigert den Typus, weil er die Gabe hat, jedem Menschen noch einmal ein anderes Leben einzuhauchen. Dürer malt sie und hält sie bildlich für die folgenden Jahrhunderte fest: Die Freiheit eines Christenmenschen.

Zeugnis
(Aus Dürers Brief an Georg Spalatin
vom Anfang des Jahres 1520)

Hochwürdiger, lieber Herr,

meine Danksagung hab ich zuvor in dem kleinen Briefchen niedergelegt, da ich nicht mehr als Euren kleinen Zettel gelesen hatte. Nachträglich, als das Säckchen, in welches das Büchlein eingebunden war, umgekehrt ward, fand ich erst den eigentlichen Brief darin, aus dem ich vernommen habe, dass mir mein gnädigster Herr selbst die Büchlein Luthers zuschickt … Und hilf mir Gott, dass ich zu Doktor Martinus Luther komme, so will ich ihn mit Fleiß abkonterfeien und in Kupfer stechen zu einem dauernden Andenken des christlichen Mannes, der mir aus großen Ängsten geholfen hat.

❖ Auch Kaiser Maximilian, genannt der letzte Ritter, schätzte Dürer als
Künstler und ließ sich mehrfach von ihm porträtieren, zum Beispiel am
28. Juni 1518 »zu Augspurg hoch oben auff der Pfaltz [dem bischöflichen
Fronhof] in seinem kleinen Stüble«. In Holz geschnitten, ist Dürers Darstellung des Kaisers das erste monumentale Holzschnittporträt der abendländischen Kunst. (Zeichnung von Karl Bauer)

Und ich bitte Euer Ehrwürden, wenn Doktor Martinus etwas Neues macht, das deutsch ist, wollet es mir für mein Geld zusenden! ...

Euer williger Albrecht Dürer zu Nürnberg

(über den Tod der Mutter)

Nun sollt ihr wissen, dass im Jahre 1513 an einem Dienstag vor der Kreuzwoche meine arme, elende Mutter – die ich zwei Jahre nach meines Vaters Tode, da sie ganz arm war, zu mir in Pflege genommen hatte, und nachdem sie neun Jahre bei mir gewesen war – eines Morgens plötzlich so tödlich krank ward, dass wir die Kammer aufbrachen, weil wir sonst, da sie nicht öffnen konnte, nicht zu ihr gekonnt hätten ... Ihre guten Werke und die Barmherzigkeit, die sie jedermann erzeigt hat, kann ich nicht genug anpreisen wie auch ihren guten Leumund. Diese meine fromme Mutter hat achtzehn Kinder getragen und erzogen ...

Es war der 17. Mai, zwei Stunden vor Einbruch der Nacht, ist meine Mutter, Barbara Dürerin, christlich verschieden mit allen Sakramenten, durch päpstliche Gewalt von Pein und Schuld absolviert.

Sie fürchtete den Tod sehr, aber sie sagte: vor Gott zu kommen, fürchte sie sich nicht. Sie ist auch schwer gestorben, und ich merkte, wie sie etwas Grauenhaftes sah, denn sie forderte das Weihwasser, obwohl sie zuvor lange nicht gesprochen hatte. Sodann brachen ihr die Augen. Ich sah auch, wie ihr der Tod zwei große Stöße ins Herz versetzte und wie sie Mund und Augen schloss und verschied mit Schmerzen. Ich betete ihr vor. Darüber habe ich solchen Schmerz empfunden, dass ich's nicht aussprechen kann. Gott sei ihr gnädig!

Und in ihrem Tod sah sie viel lieblicher aus, als da sie noch das Leben hatte.

Legende

(Aus Börries von Münchhausens Ballade »Dürers letztes Werk«)

Hochgieblig ragt Albrecht Dürers Haus,
runde Butzenscheiben blinzeln aus Fachwerk heraus
hinauf zur Burg, deren Zinne efeuumrankt
vor den ziehenden weißen Frühlingswölkchen schwankt.

Ein Fenster knarrt –, des alternden Meisters Gesicht
schimmert bleich ins kalte Frühlingslicht,
die wunderschönen Züge verwelkt und fahl,
glanzlos die großen Augen, die Wangen schmal.

Seine Blicke wenden sich von dem blendenden Schimmer,
langsam tritt er zurück ins dunkle Zimmer,
sitzt nieder am Tisch, die schwergeäderte Hand
spielt müde mit Stift und Stichel, – ach, »Nürnberger Tand«
ward dies alles, sein Werk ist der Welt gegeben, –
lässig verspielt er den letzten Tag im Leben.

Die Ärzte helfen ja nicht! Der Körper verhehlt
ihren stumpfen Augen, was ihm fehlt …
Und wenn er berichtet, – ach, an Worten verzagt
der, welcher zeitlebens in Linien gejauchzt und geklagt.

»So will ich denn, wenn die Lippen davon schweigen,
im Bilde den Kommenden meine Schmerzen zeigen,
ein töricht Tröstlein, aber es tröstet doch,
vom eigenen Leide zu sprechen den Späteren noch.«

Auf rauem Bütten lässt der Stift als Spur
eines mächtigen Körpers silberfeine Kontur …
Mit deutendem Finger zeigt sein Ebenbild
genau die Stelle, wo der Schmerz entquillt.

Vollendet endlich auch dies letzte Blatt,
er hält es augenrecht und lächelt matt:
»Zum Bild die Schrift, zum Stift doch noch das A-Be-Ce:
›Do mit den finger drauff deut, do ist mir we‹«.

Des Abendlichtes letzter trüber Schein
bleicht seiner Stirne gelblich Elfenbein,
von Sankt Sebaldus klingen die Glocken sacht,
auf Nürnberg sinkt Meister Albrechts letzte Nacht.

❖ ◈ ❖

❖ Karl Bauer, Kaiser Friedrich I.

Friedrich I. Barbarossa

Steckbrief

- Geboren um 1122 vermutlich in Waiblingen, ertrunken am 10. Juni 1190 im Fluss Saleph in Kleinasien
- Deutscher König und Kaiser, genannt Barbarossa (Rotbart)

Chronik

Über dem zwölften Jahrhundert lag in Deutschland ein erbitterter Kampf um die Königsnachfolge. Die Salier-Linie war verloschen. Die Fürsten wählten den Sachsenherzog Lothar III. zum König. Doch dem Erbrecht nach hätte auch Friedrich von Schwaben als Enkel Heinrichs IV. ein deutliches Anrecht auf die Krone gehabt. Nach Lothars Tod 1137 bestimmten also die Fürsten nicht dessen fähigen Schwiegersohn Heinrich den Stolzen, Herzog von Sachsen und Bayern, zum Nachfolger, aus Furcht vor einer Übermacht der Welfen, sondern Konrad III., den ersten Staufer auf dem Thron. Als Konrad 1152 starb, war sein Sohn erst sieben Jahre alt, und so empfahl er seinen Neffen Friedrich zum Nachfolger, jenen wegen seines roten Bartes in Italien »Barbarossa« Genannten.

Die Fürsten hatten eingesehen, wie tödlich der immer schwelende Konflikt zwischen den beiden mächtigsten Dynastien für das Reich sein konnte. So setzten sie alle Hoffnung darauf, Friedrich I. möge diesen Zwist lösen. Er stammte schließlich von den Welfen gleichermaßen ab wie von den Staufern.

Und die Kaisermacht? Zwei Jahrhunderte hatte sie gezehrt vom Ruhm und Mythos Ottos des Großen. Doch das Wort von Kaiser und Reich drohte zu verhallen, ein Märchen zu werden, ein Es-wareinmal aus fernen Tagen, denn niemand war Otto gefolgt, der Licht aus sich selber brachte, anstatt sich im Glanze der Vergangenheit zu baden. Da bestieg Friedrich den Thron.

Leben

Um das Jahr 1122 wird Friedrich als Sohn Friedrichs II. von Schwaben und der Welfin Judith wahrscheinlich in Waiblingen geboren. Auf seinen Geburtsort geht der Name der »Ghibellinen«, der Anhänger des Kaisers in Italien, zurück. Ihnen gegenüber treten die »Guelfen« (Welfen), die sich nach den Stauferkonkurrenten benennen und den Papst unterstützen.

Friedrich ist 25 Jahre alt, als er 1147 Herzog Friedrich III. von Schwaben wird. Im selben Jahr heiratet er auf Vermittlung seines Onkels, König Konrads III., Adelheid von Vohburg, die Erbin des Egerlandes. Ihre Ehe bleibt kinderlos und wird sechs Jahre später annulliert. Ein Jahr lang aber ist Adelheid deutsche Königin. Denn am 9. März 1152 erfolgte die Krönung ihres Gemahls in Aachen. Seine zweite Frau wird Beatrix von Burgund, die ihm neben zwei Prinzessinnen auch männliche Erben – und den Königstitel von Burgund schenkt.

Friedrich ist, wie die Chronisten berichten, von Gestalt »kleiner als die Größten und größer als das Mittelmaß«, neben seinem roten Haar bestechen vor allem die feingebildete Nase und die großen, hellen Augen.

Fünfmal, öfter als jeder seiner Vorgänger, bricht der König nach Italien auf. Der sechste Zug aber sollte ihm die Kaiserkrone bringen. 1155 salbt ihn der Papst in der Peterskirche zum weltlichen Herrscher über das Abendland.

Wirken

Wes Geistes Kind seine Taten sein sollen, verkündet der König gleich bei seiner Thronrede: Die alte Herrlichkeit des Reiches wolle er wieder erstehen lassen. Ewig lebe der Reichsgedanke! Der Ausgleich zwischen Welfen und Staufern, den seine Königswahl bezwecken sollte, wird für ein Vierteljahrhundert hergestellt. Tatsächlich gesellt sich Heinrich der Löwe dem König als enger Weggefährte und bezeugt in den ersten zehn Jahren zwei Drittel aller königlichen Urkunden. Heinrich begleitet ihn auch nach der Krönung auf den Reisen durch das Reich. Später bricht der Machtkampf zwischen den Vettern wieder aus, doch Barbarossa behält letztlich die Oberhand.

Der wichtigste Mann für die Reichspolitik ist aber Erzkanzler Rainald von Dassel, einer der klügsten Köpfe seiner Zeit. Bevor ihn das Schicksal auf dem vierten Italienzug Barbarossas ereilt, macht er sich einen Namen als Politiker der starken Hand, durch seine »kompromisslose Dynamik«, sein »scharfes Profil« (Kröners *Lexikon zur deutschen Geschichte*).

Mit solchen Männern im Rücken gelingt Barbarossa die Festigung der deutschen Herrschaft im Sudetenraum, in Schlesien, im Ostseeraum und im Gebiet zwischen Rhein und Rhône. Im Reich selbst verlagert er den Schwerpunkt ins Elsass, nach Mainfranken und nach Schwaben. 1156 schafft er das Herzogtum Österreich, 1180 kommen die Herzogtümer Westfalen, Bayern und Steiermark hinzu. In Bisanz (heute: Besançon) in Burgund wagt er auf dem Reichstag 1157 die Einschränkung der päpstlichen Gewalt zugunsten der »Reformatio Imperii«, der Stärkung der Kaisermacht. 1162 unterwirft er Mailand. Italien ist ihm untertan.

Die höfisch ritterliche Kultur erlebt unter Friedrich einen unvergleichlichen Höhepunkt. Eindruckvollstes Beispiel ist die Schwertleite seiner Söhne Heinrich (dessen spätere Hochzeit mit Konstanze von Sizilien die folgenschwere Bindung zwischen dem Reich und Sizilien begründet) und Friedrich zu Pfingsten 1184 in Mainz. Alte Chroniken berichten von 40 000 Gästen aus halb Europa. Der Minnesänger

Heinrich von Veldecke war darunter und schwärmt uns vor: »Ich vernahm nicht je von solchem Feste in aller Zeiten Märe / das gleich gewesen wäre / wie des Äenas, so nur eins / kenn ich: das Fest zu Mainz.«

Auf dem Hoftag Jesu Christi 1188, wieder in Mainz, fasst Friedrich den Entschluss zum Kreuzzug. Er ist über 60 Jahre alt und hat erreicht, was man im Leben erreichen kann. Dennoch will er sich im Zweikampf dem Mohammedaner Saladin stellen und das heilige Land aus der Hand der Heiden befreien. Im Mai 1189 bricht er mit seinem Heer in Regensburg auf. Er wird nie zurückkehren.

»Schon den Zeitgenossen galt er als Vorbild ritterlicher Gesinnung und als Erneuerer des Reiches«, schreibt das Kröner-*Lexikon zur deutschen Geschichte*. »Er verkörperte die majestätische Gegenwart des Reiches, und zwar in seiner gesamten Macht und sakralen Herrlichkeit«, sagt der Historiker Hellmut Diwald.

Kaiser Rotbart war ein Herrscher, wie auch das Volk ihn brauchte. Zugleich hatte er die Stärke, dem tödlichen Separatismussinn des Adels Einhalt zu gebieten. Er hat den Reichsgedanken wiederbelebt. Er begründete die Herrschaft der Staufer, die zwischen 1138 und 1254 dem Deutschen Reich seine größte Ausdehnung brachte. Als schlafender Kaiser, mal im Kyffhäusergebirge, mal in der Burg Trifels, mal im Untersberg im Berchtesgadener Land, lebt er im Gedächtnis der Nation fort, ein Symbol für den Wunsch nach Einheit und der alten Reichsherrlichkeit. »Er wird einst wiederkommen mit ihr zu seiner Zeit …«

Zeugnis

(Friedrichs Reaktion auf den Vorschlag einer römischen Abordnung, er möge die Kaiserkrone aus den Händen des römischen Volkes empfangen und dafür dann 5 000 Pfund Silber zahlen, berichtet von Otto von Freising in *Die Taten Friedrichs*.)

Über den hochfahrenden und ungewöhnlichen Ton der Rede empört, unterbrach der König ihren Redestrom, um über die Rechte seines Staates und des Reiches … zu sprechen. Wie die Haltung des Körpers und die Anmut seines Antlitzes auch königlichen Sinn bewahrend, antwortete er aus dem Stegreif, aber nicht unbedacht: »Viel haben wir bereits von der Weisheit und Tapferkeit der Römer gehört, mehr jedoch von ihrer Weisheit … Willst du den alten Ruhm deines Roms kennenlernen? Die Würde des Senatorenstandes? Die Lagerordnung? Die Tüchtigkeit und den Anstand des Ritterstands, seine ungebrochene, unbezwingbare Kühnheit, wenn er in den Kampf zieht? Blicke auf unseren Staat! Bei uns gibt es all dies. Auf uns ist dies alles zugleich mit der Kaiserherrschaft übergegangen. Nicht nackt ist das Kaisertum uns zugefallen. Mit seiner Kraft bekleidet kam es. Seine Zierden brachte es mit. Bei uns ist dein Senat. Bei uns ist dein Heer.«

Legende
(aus: *Bayerische Sagen,* gesammelt von Alexander Schöppner)

Noch waren zehn Jahre nicht vorüber, seit Luther seine Reformation begonnen hatte, da ging ein andächtiger Bürger von Reichenhall eines Sonntags nach der Frühmesse weit aus lustwandeln. Er kam an den Untersberg, sah mit Erstaunen den Berg offen wie durch ein Kapellentörlein, darüber eine Inschrift mit silbernen Buchstaben in einer Sprache, die kein Sterblicher gehört hatte. Ihm entgegen schritt ein eisgrauer, ehrwürdiger Mönch mit einem mächtigen Schlüsselbund, ganz in ein großes Buch vertieft. Eine ungeheure Pforte flog klirrend und prasselnd auf, und auf einer schönen Wiese stand eine unendliche Kirche mit zweihundert Altären und mehr als dreißig Orgeln. Zweimal dreihundert Mönche sangen die Horen. Darauf schlug die große Glocke markerschütternd und doch lieblich an, und aus allen Winkeln kam zahlloses Volk zum Hochamt.

Nach dem Gottesdienst bewirtete der Mönch den Reichenhaller Bürger köstlich und führte ihn umher in den Wendungen des Berges. Da sah er Barbarossa, der einst in den Papsthändeln Salzburg mit Feuer und Schwert verwüstete, unter betäubendem Kriegslärm, Trommelwirbel und Trompetengeschmetter und wehenden Fahnen;

dann wieder in einsamer Majestät Karl den Großen mit dem langen Silberbart. Reicht der das zweite Mal die ganze lange Tafel herum, so bricht der Jüngste Tag herein.

Auf die Frage, was diese hier täten, gab das Mönchlein dem Reichenhaller Bürger eine solche Maulschelle, dass er glaubte, alle neun Chöre der Engel singen zu hören, und diesen Backenstreich bis an sein Lebensende verspürte. Doch wurde der Mönch wieder freundlich und schlug ihm uralte, mächtige Bücher auf aus Tierhäuten und Baumrinden. Darin stand vieles von den Strafen der Gottlosen, von Türken und Schweden, vom Gräuel der Verwüstung, dass die Wölfe wieder in die Städte dringen und in Salzburg ihre Jungen hinter St. Ruperts Altar legen würden; von zwei großen Schlachtfeldern am Rhein und auf den Walserfeldern bei Salzburg und wie zuletzt Barbarossa mit den Seinen aus dem Bergesdunkel steigen und den Sieg entscheiden werde. – Dann zeigte der Mönch dem Reichenhaller Bürger die zwölf betretenen Ausgänge aus dem Untersberg in verschiedenen Gegenden. In einer davon wies er ihm einen dürren Birnbaum, der schon einmal umgehauen worden sei, aber aus der Wurzel frisch wieder ausgetrieben habe. Wenn der wieder umgehauen werde und noch einmal grüne und Früchte trüge, werde ein wehrhafter Bayernfürst zu dem Baum treten, seinen Schild daran hängen, über alle Neider und Widersacher siegen und Bayern groß machen.

Gütig entließ der Mönch den Reichenhaller Bürger auf den alten Weg. Bei jäher Todesstrafe verbot er ihm, sich umzusehen und bevor fünfunddreißig Jahre verflossen wären, etwas von diesen Geschichten irgendeiner lebenden Seele zu offenbaren.

❖ ❖ ❖

46

Friedrich II. von Preußen

Steckbrief

- Geboren am 24. Januar 1712 im Stadtschloss Berlin, gestorben am 17. August 1786 auf Schloss Sanssouci in Potsdam
- Kurfürst von Brandenburg, König von Preußen, herausragender Vertreter des aufgeklärten Absolutismus

Chronik

Johann Wolfgang von Goethe war sieben Jahre alt, als der Schlesische Krieg zwischen Preußen und Habsburg ausbrach. »Die Welt, die sich nicht nur als Zuschauer, sondern auch als Richter aufgefordert fand, spaltete sich sogleich in zwei Parteien«, erinnerte sich der Dichterfürst aus Frankfurt am Main. »Unsere Familie war ein Bild des großen Ganzen. Und so war ich denn auch preußisch oder, um richtig zu reden, fritzisch gesinnt: Denn was ging uns Preußen an! Es war die Persönlichkeit des großen Königs, die auf alle Gemüter wirkte ... Die Siege, die Großtaten, die Unglücksfälle, die Wiederherstellungen folgten aufeinander, verschlangen sich und schienen sich aufzuheben; immer aber schwebte die Gestalt Friedrichs, sein Name, sein Ruhm in kurzem wieder nach oben.«

Friedrichs Ruhm gründete sich auch darauf, dass die Geschichte ihn genau im richtigen Moment ins Geschehen treten ließ, nämlich zu einer Zeit, die eine Herrscherpersönlichkeit wie ihn forderte. Absolutismus und Duodezherrlichkeiten bestimmen das Leben in Deutschland. Man steht nicht mehr im »finsteren Mittelalter«, die Schrecknisse des Dreißigjährigen Krieges sind schon kaum mehr in Hörweite. Er liegt für die damalige Zeit schon so weit zurück wie für

◈ Karl Bauer, Friedrich der Große

uns das Kaiserreich Wilhelms II. Man kannte ihn höchstens noch aus Erzählungen der Großeltern.

Deutschland will modern werden, doch vermittelt den Eindruck, es wüsste nicht wie. Es wartet nur darauf, fridrizianisch zu werden. Kein Wunder also, dass sich auch Goethe als empfindlicher Seismograph für die Strömungen der Zeit vom Friedrich-Fieber anstecken ließ.

Leben

Friedrich ist der Sohn des Soldatenkönigs Friedrich Wilhelm. Das strenge Regiment, das dieser bei seinen »langen Kerls« führt, überträgt er auch auf den jungen Prinzen. Doch dem stehen Sinn und Herz ganz anders. Heimlich lernt er Flöte, beschäftigt sich mit philosophischen Fragen und plant schließlich 1730 mit seinem besten Freund Hans Hermann von Katte die Flucht nach Frankreich. Sie werden erwischt, und der König lässt Katte vor Friedrichs Augen hinrichten. Friedrich selbst war dem Todesurteil des Vaters nur knapp entgangen.

Das Interesse an Philosophie vermittelt dem jungen Thronfolger Jaques Egide du Jandun, ein hugenottischer Flüchtling, der 1716 die Erziehung des Prinzen übernommen hatte. Jadun bringt ihm den *Télémaque* von François Fénelon (1651–1715), einen wichtigen Markstein der beginnenden Aufklärung und ein in Frankreich vielgelesenes Jugendbuch um die Erziehung von Telemachs, des Sohnes des Odysseus, nahe. Hier merkt Friedrich das erste Mal, dass der Herrscher der erste Diener seines Staats zu sein hat.

Obwohl er von der Ehe nichts wissen will, heiratet Friedrich 1733 die Prinzessin Elisabeth Christine von Braunschweig-Bevern und zieht mit ihr 1736 ins Schloss Rheinsberg. Er beschäftigt hier Carl Philipp Emanuel Bach, den berühmtesten Sohn Johann Sebastian Bachs, als Kammercembalist. Friedrich selbst nimmt in Rheinsberg intensiv Querflötenunterricht und komponiert dort auch seine erste Sinfonie.

Noch bevor er 1740 den Thron besteigt, schreibt Friedrich den *Antimachiavell*, einen philosophischen Gegenentwurf zur amoralischen und rücksichtslosen Machtpolitik, wie sie Niccolò Machiavelli (1469–1527) in seinem 1532 posthum publizierten *Il Principe* (»Der Fürst«) entworfen hatte. Friedrich stellt ihm den aufgeklärten Absolutismus entgegen, Gedanken, die er als König in seinem *Politischen Testament* (1752) und in *Regierungsformen und Herrscherpflichten* (1777) weiter entwickeln wird.

Im Jahr seiner Thronbesteigung fängt er, um in die Weltgeschichte einzugreifen, wie er selbst zugibt, den Schlesischen Krieg an. Von 1756 bis 1763 dauerte der Siebenjährige Krieg, der Friedrichs Ruhm als Feldherr endgültig begründet. Seine Soldaten sind der Überzeugung, er sei kugelfest und schüttle nach der Schlacht die Geschosse aus seinem Dreispitz.

In späteren Jahren wirkt er gar nicht wie ein König. Er ist sehr sparsam und besitzt nicht viele Röcke. Der, den er trägt, ist meistens fleckenübersät. »Sein Umgangston war oft verletzend und despotisch. Kurios ist, dass die meisten der unzähligen liebenswerten Anekdoten über ihn dennoch wohl auf Wahrheit beruhen werden, denn die Stimmung und sein Verhalten konnten blitzartig wechseln, wenn jemand mit einem kühnen, geistreichen Wort oder einer imponierenden Geste wie mit einem Funken seine Leidenschaft für Esprit und Charakter zu entzünden verstand«, erklärt Joachim Fernau. Und weiter: »Beides liebte er über alles, deshalb hingen ihm die Menschen zum Schluss auch zum Halse heraus, denn beides ist selten. Auch er hing daraufhin den Menschen natürlich zum Hals heraus. So peinlich es klingt, es lässt sich nicht leugnen.« Trotzdem nennen sie ihn schon zu Lebzeiten Friedrich den Großen.

Am 17. August 1786 stirbt er in Sanssouci. Erst 215 Jahre später erfüllt sich sein letzter Wille, neben seinen Windspielen auf den Terrassen des Schlosses beerdigt zu werden.

◆ Friedrich Wilhelm vom Seydlitz (1721–1773) war unter
dem großen König Kavalleriegeneral und entschied mit
seinen Schwadronen die Schlacht bei Rossbach für Preußen.
Bei Zorndorf verweigerte er mehrmals Friedrichs Befehl
einzugreifen. Friedrich drohte ihm, »er hafte mit seinem
Kopf für den Ausgang der Schlacht«. Seydlitz ließ seine
Männer aber erst angreifen, als er damit am meisten ausrich-
ten konnte. Sein besonnener Eigenwille war ausschlaggebend
für den Sieg. (Zeichnung von Karl Bauer)

Wirken

Der sächsische Historiker, Philosoph und Völkerrechtler Samuel von Pufendorf (1632–1694) ist eine wichtige Inspiration für Friedrich gewesen. Dessen Pflichtenlehre, aus der er fünf konkrete Handlungsrichtlinien ableitete, hat großen Einfluss auf das Denken des Königs. Pufendorf stellte als Ideale auf: Keiner schädige den anderen; jeder andere werde als gleichberechtigt angesehen; jeder soll soviel wie möglich den anderen nützen; ein jeder halte sich gesund; ein jeder lerne lebenslang.

Auch Pufendorfs Schüler, der in Leipzig geborene Christian Thomasius (1655–1728), übt Einfluss auf Friedrich, so zur Organisation des Universitätswesens oder zur rechtstheoretischen Begründung der Ablehnung der Folter. Vom Berliner Christian Wolff (1679–1754) übernimmt er Ideen des nach Vernunftgesetzen geordneten Rechtsstaats, der neben den Pflichten auch soziale Rechte der Bürger kennt. Aus diesem reichhaltigen Fundus entwickelt Friedrich II. in Preußen – in Österreich seine Kontrahentin Maria-Theresia und später ihr Sohn Kaiser Joseph II. – die Herrschaftsform des aufgeklärten Absolutismus.

Seine Reformpolitik beseitigt große soziale Missstände, etwa mit der Abschaffung der Folter und einer deutlichen Abmilderungen des Strafenkatalogs. Der König gestattet die freie Meinungsäußerung und später auch die Pressefreiheit. Als geradezu revolutionär kann hierbei seine Aufforderung an Journalisten gewertet werden, Kritik am Entwurf des »Allgemeinen Landrechts« zu üben und Verbesserungsvorschläge vorzubringen. Der Toleranzgrundsatz der Aufklärung bestimmt seinen Umgang mit der Religion. Jeder soll »nach seiner Fasson selig werden«.

Der Schriftsteller und Historiker Gustav Sichelschmidt stellte fest: »Friedrichs Untertanen lebten jedenfalls im Zeichen des kühn zur Sonne aufstrebenden schwarzes Adlers ein vergleichsweise freies und für die damaligen Verhältnisse auch gesichertes Leben. Wer heute daher nach praktikablen politischen Erfolgsrezepten quer durch die unwirtliche Landschaft der deutschen Geschichte fahn-

❖ Der Wiener Dichter Franz Grillparzer lässt in
seinen theoretischen Schriften einmal Lessing
(Bild) und Friedrich den Großen für »ein Ge-
spräch im Elysium« aufeinander treffen. Friedrich
äußert noch einmal seinen ganzen Unmut über
die deutsche Literaturlandschaft, für die er zeitlebens nie Verständnis hatte. Zuletzt legt Grillparzer Lessing die Worte in den Mund: »Lass uns
nicht ungerecht sein, König, wir sind auf
dem geraden Wege.« (Zeichnung von Karl Bauer)

det, sollte sich zuerst einmal gründlich bei den Prinzipien preußischer Staats- und Menschenführung umtun.« Und im Zusammenhang mit einer gesamtdeutschen Sendung Friedrichs bemerkt Sichelschmidt: »Friedrich lebte deutsches Schicksal wie nur wenige vor oder nach ihm exemplarisch aus. Er war all den entsetzlichen deutschen Prüfungen unterworfen, die aus unserer so verzwickten geopolitischen Lage inmitten eines an sich bereits turbulenten Kontinents resultieren.«

Zeugnis
(Friedrichs politisches Testament)

Eine wohlbestellte Regierung muss ein sicher gefügtes System haben von nicht loserem Zusammenhang wie etwa ein philosophisches Lehrgebäude. Ein König von Preußen muss selbst regieren. Vergnügungssucht, Trägheit, Dummheit, das sind die Ursachen, welche die Fürsten von der Arbeit an ihrem edlen Beruf, das Glück der Völker zu schaffen, zurückhalten. Solche Herrscher machen sich so verächtlich, dass sie die Mär und das Gespött ihrer Zeitgenossen werden und dass in der Geschichte ihre Namen höchstens Anhaltspunkte für die Chronologie geben ...

Der Herrscher ist der erste Diener des Staates. Er wird gut besoldet, damit er die Würde seines Standes aufrecht halten kann, aber man fordert von ihm, dass er werktätig arbeitet für das Wohl des Staates und dass er wenigstens die wichtigsten Angelegenheiten mit Achtsamkeit leitet. Ohne Frage bedarf er der Hilfskräfte, die Bearbeitung der Einzelheiten wäre zu ausgedehnt für ihn. Wohl aber muss er die Beschwerde von jedermann anhören und denen, welchen Vergewaltigung droht, schleunig ihr Recht schaffen. Einem König von Epirus wollte ein Weib eine Bittschrift überreichen; er fuhr sie an und gebot ihr, ihn in Ruhe zu lassen. »Wozu bist du denn König«, erwiderte sie, »wenn du mir nicht Recht schaffen willst?« Ein schöner Ausspruch, dessen die Fürsten unablässig eingedenk sein sollten.

Legende

(*Ein Königswort,* Ballade von Hugo von Blomberg)

Sie stiegen die Terrassen
empor nach Sanssouci,
sie suchten sich zu fassen
und wussten doch nicht wie!
Zu eng dem vollen Herzen
war eines jede Brust:
doch war es nicht vor Schmerzen,
es war vor Dank und Lust.

Jüngst hatten Feuerflammen
ihr Städtlein ausgeraubt,
und alle Not zusammen
schlug um ihr armes Haupt!
Er hätt' es bald vernommen –
was wüsst' er nicht im Land!
Und Hilfe war gekommen
von seiner milden Hand.

Es führt zum alten König
sie ein Leibhusar;
sie neigen untertänig
ihr Haupt und Herz fürwahr:
»Staub, der wird sind, wir mögen
nur danken mit Gebet!
Gott schütte seinen Segen
auf Eure Majestät.«

Da stand er mit der Krücke,
so hager und gebückt;
was hat in seinem Blicke
so demanthell gezückt?
Er sprach – es klang wie Zanken
das kurze Wort beinah:
»Ihr habt mir nicht zu danken,
denn davor bin ich da!«

❖ ❖ ❖

Karl Friedrich Friesen

Steckbrief

- Geboren am 25. September 1784 in Magdeburg, gefallen am 16. März 1814 nahe dem Ardennenort La Lobbe
- Pädagoge, Mitbegründer der Turnerbewegung, Lützower Jäger, Freiheitskämpfer

Chronik

Das Jahr 1784 bewegt die Neue Welt: Am 14. Januar wird der zwischen dreizehn britischen Kolonien in Amerika und dem Königreich Großbritannien ausgehandelte Frieden von Paris wirksam. Der Amerikanische Unabhängigkeitskrieg ist beendet.

Schillers drittes Drama *Kabale und Liebe* erlebt seit seiner Uraufführung in Frankfurt a. M. am 13. April 1784 begeisterungsumtoste Inszenierungen. Noch dem Sturm und Drang verpflichtet, ist das Stück auch eine flammende Anprangerung des Soldatengeschachers, das junge Männer durch ein Wort des dafür reich belohnten Landesfürsten zu Kanonenfutter in fernen Kriegen werden lässt. Lady Milford: »Mensch, was bezahlt dein Herzog für diese Steine?« Kammerdiener: »Sie kosten ihn keinen Heller. Gestern sind siebentausend Landeskinder nach Amerika fort. Die zahlen alles.«

Währenddessen beantwortet Immanuel Kant in Königsberg die Frage: »Was ist Aufklärung?« (nämlich: »der Ausgang des Menschen aus seiner selbstverschuldeten Unmündigkeit. Unmündigkeit ist das Unvermögen, sich seines Verstandes ohne Leitung eines anderen zu bedienen.« Der Ausweg: »Sapere aude! Habe Mut, dich deines eigenen Verstandes zu bedienen!«)

❖ Karl Bauer, Karl Friedrich Friesen

Doch nicht dieser Mut ist das Wort der Stunde in Europa, sondern: Freiheit. 1789 das alles bewegende Ereignis in Europa: Die Französische Revolution bestimmt die nächste Dekade. Wie in der griechischen Mythologie Kronos, fraß die Revolution selbst ihre Kinder und spie dann Napoleon aus. Eine epochale Gestalt, ohne Frage, die aber in Deutschland als Würger und Wüterich wahrgenommen werden musste, denn als nichts anderes trat er hier auf. Aber mit ihm eroberten einige der größten Helden die Bühne der deutschen Geschichte.

Leben

Als Karl Friedrich Friesen ein junger Mann von 15 Jahren ist, ahnt wohl niemand in seinem Heimatort Magdeburg, dass er zu diesen Großen gehören würde. Seinen Vater, einen preußischen Finanzbeamten, hat er im Alter von nur neun Jahren verloren. Der Pfarrer Georg Mellin nimmt sich des Jungen an. Der Geistliche ist ein früher Anhänger und Kommentator Immanuel Kants. So kommt auch der junge Friesen bald in Berührung mit den Ideen des Königsberger Professors. Mit 17 Jahren verlässt Friesen Magdeburg, um in Berlin an der Bauakademie zu studieren: Wasserbauwerk, Bauhandwerk und Landvermessung.

Die Stadt ist die Metropole Preußens, als Alexander von Humboldt von seiner Amerikaexpedition zurückkehrt. Der berühmte Naturforscher wird bald aufmerksam auf den »edlen, geist- und kraftvollen Menschen«. Friedrich wird für einige Zeit sein Mitarbeiter und zeichnet die Karten für Humboldts »Mexikanischen Atlas«. Die weite Welt liegt ihm in der Hand, aber sein Geist durchwandert immer wieder die Weltreiche der Philosophie, wo er wichtige Impulse, nicht nur von den Brüdern Humboldt, empfängt. Oh Jahrhundert, oh Wissenschaft, oh Kultur, es ist eine Lust hier zu leben, hätte der Junge rufen können. Doch Deutschland liegt seit dem Jahr 1806 »in seiner tiefen Erniedrigung«. Napoleons Joch drückt schwer.

Auch Berlin ist in Franzosenhand. Der König und die Königin mussten fliehen.

Im Winter 1807 hält Johann Gottlieb Fichte seine Vorlesungen, jeden Sonntag von 12 bis 1 Uhr, Predigten ganz besonderer Art. Per Zeitungsanzeige macht der Professor darauf aufmerksam, dass sie sich nicht nur an Studenten richten, sondern »für ein gemischtes Publikum aus beiden Geschlechtern« gedacht sind.

Wir alle kennen das Monumentalgemälde des Malers Arthur Kampf, das den zornigen Fichte zeigt, wie er mit wilder Geste den gebannten Zuhörern seine Gedanken vermittelt. Es wurde 1913/14 für die Aula der Berliner Universität geschaffen und im Zweiten Weltkrieg zerstört.

Am 13. Dezember 1807 ist auch Friesen unter den Zuhörern und wird Zeuge von Fichtes bewegender *Rede an die deutsche Nation*.

Wirken

Ein Kerngedanke Fichtes begeistert Friesen auf Anhieb: Die Nationalerziehung! Wie viel kraftvoller ist ein Volk, das seinen Zusammenhalt nicht auf staatlichen Zwang, sondern der Gesinnung seiner Bürger gründet! Friesen will diese Ideen verwirklichen und wird 1808 Lehrer in der vom Pestalozzianhänger Dr. Ernst Plamann begründeten Schule. Wenn Bismarck, zwanzig Jahre später Schüler an der Plamann'schen Anstalt, in *Gedanken und Erinnerungen* schreibt, hier habe er erste »deutschnationale Eindrücke« empfangen, dann weil Friesens Geist noch wehte!

1810 wird auch Friedrich Ludwig Jahn Lehrer an der Schule. Sofort findet er im sechs Jahre jüngeren Kollegen Friesen einen Freund und Verfechter seiner Ideen. Seit zwei Jahren besteht bereits Friesens »Fechtbodengesellschaft« zur körperlichen Ertüchtigung und politischen Diskussion. Als Jahn 1811 den ersten Turnplatz eröffnet, ist natürlich Friesen als ausdrucksstarker Vorturner auf der Hasenheide dabei. Er wird Leiter des Turnkünstlervereins und gründet im selben Jahr die erste deutsche Schwimmschule. Ein gesunder Geist braucht einen gesunden Körper und die Volkserhebung gegen Napoleon beides. Theodor Körner, der Sänger der Freiheitskriege, übt sich bei Friesen im Turnen!

Bei der Gründung des geheimen »Deutschen Bundes«, für »Wahrheit, Recht und Vaterland, gegen jede Ausländerei, gegen das Hirngespinst von der Volksohnmacht«, wird der charismatische Friesen die treibende Kraft. Wenn man so will entstand mit dieser Fortsetzung der Geheimverbindung um Major Schill die erste deutsche Nationalpartei. Auch die Burschenschaft verdankt ihm viel. Gemeinsam mit Jahn ist er Verfasser der Denkschrift *Ordnung und Einrichtung der deutschen Burschenschaften* (1812). Ehre, Freiheit, Vaterland – ein Dreigestirn, das der Leitfaden auch seines Lebens ist.

1813, nach dem Gefecht bei Gadebusch, das Theodor Körner das Leben kostete, wird Friesen Adjutant des Anführers der schwarzen Schar, Adolf von Lützow. Mit der Armee Blüchers dringen die Lützower Jäger im März 1814 weit nach Frankreich vor. Es ist der 16. März 1814, als Friesen bei einem Einsatz in den Ardennen auf den jüngeren Bruder Lützows warten will und dabei versprengt wird. Er führt sein erschöpftes Pferd am Zügel, als ihn hinterrücks die Kugel eines Franktireurs wegreißt.

Lützow über seinen Tod: »Von allen Menschen, die ich habe kennengelernt, ist Friesen der, an dem das Vaterland in jeder Beziehung am meisten verliert.« Erst zwei Jahre später werden Friesens sterbliche Überreste gefunden. Friesen, »von der Jugend der Größte der Gebliebenen« (Jahn), ruht heute auf dem Invalidenfriedhof in Berlin.

Zeugnis
(Feststellungen zur Gründung des Deutschen Bundes)

Des Deutschen Bundes Zweck ist Erhaltung des deutschen Volkes in seiner Ursprünglichkeit und Selbständigkeit, Neubelebung der Deutschheit und aller schlummernder Kräfte, Bewahrung unseres Volkstums, Schutz und Schirm wider heimliche Verderbung von innen, wider alle Knechtschaft von außen und alle Kunstgriffe, Listen, und Betörungen der Ein- und Umschmelzungen, Hinwirkung zur endlichen Einheit unseres zersplitterten, geteilten und getrennten Volks. Jeder Eidgenosse muss ein geborner Deutscher sein – frei sein von Verbrechen, rein von Lastern und sich eifrig bemühen, Schwächen zu verbessern, Mängel zu ersehen und Fehler abzulegen. Pflichten: Fleckenlose Reinheit im Leben, Sorge für guten Namen, Erwerben allgemeiner Achtung durch folgerechte Denkart und Handelsweise, sich zum Kämpfer weihen für Wahrheit, Recht und Vaterland. – Wider alle und jede Ausländerei reden, lehren und handeln – das Volksgefühl beleben, die Willenlosigkeit benehmen und alle Hirngespinste von Volksohnmacht und Feindes Übermacht – überhaupt deutsch werden und bleiben.

Legende
(Aus Ernst Moritz Arndts Ballade:
Klage um drei junge Helden)

Wohl viele sind gepriesen
Im großen deutschen Land,
Doch dich, mein frommer Friesen
Hat Gott allein gekannt;
Was blühend im reichen Herzen
Die Jugend so lieblich verschloss,
Ist jeglichem Laut der Schmerzen,
Ist jeglichem Lobe zu groß.

War je ein Ritter edel,
Du warst es tausendmal,
Vom Fuße bis zum Schädel
Ein lichter Schönheitsstrahl;
Mit kühnem und stolzem Sinne
Hast du nach der Freiheit geschaut,
Das Vaterland war deine Minne,
Es war dir Geliebte und Braut.

Du hast die Braut gewonnen
Im ritterlichen Streit,
Dein Herzblut ist verronnen
Für die viel edle Maid;
In Welschland von grimmen Bauern
Empfingst du den tödlichen Streich,
Drob müssen die Jungfraun trauern,
Die Blume der Schönheit ist bleich.

❖ ❖ ❖

◆ Karl Bauer, Goethe

Johann Wolfgang von Goethe

Steckbrief

- Geboren am 28. August 1749 in Frankfurt a. M., gestorben am 22. März 1832 in Weimar
- Dichter, Denker, Jurist, Naturwissenschaftler und Universalgelehrter

Chronik

Im Spannungsfeld der anbrechenden Neuzeit liegt Goethes Lebensweg. Zwar fahren noch die Postkutschen durch die Lande und man schreibt mit Ganskiel und Tusche, auch sieht man viele altertümliche Hüte auf den Köpfen der Städter, aber die neue Epoche nähert sich mit klirrendem Eisenschritt: Rationalisierung, Mechanisierung und Liberalisierung, vor allem der gesellschaftlichen Konventionen, bilden den äußeren Rahmen für die innere Entwicklung Goethes. Mit dem erwachenden Interesse für die Naturwissenschaft, dem gegenläufigen Aufkommen der Romantik und ihrem Rückgriff in die antik-mittelalterliche Ideenwelt sowie der Erweiterung der allgemeinen Bildungsvoraussetzungen sind zugleich auch die Fixsterne des goethischen Entwicklungskosmos aufgestiegen, die ihn zum Universaldichter werden lassen.

So gestaltet Goethe mit seiner Faust-Figur einen ebensolchen Schwellenmenschen, wie er selbst zu sein bestimmt gewesen ist: einen Menschen des Übergangs, der zwischen den unversöhnlichen Widersprüchen der Zeit, zwischen Verstand und Gefühl, zwischen Welt und Vorstellung, Wissen und Glaube steht. Goethe war so sehr und gleichzeitig Gegenwart wie auch Vergangenheit und Zukunft, denn er selbst wird der Epoche, in der er lebt, seinen Namen aufprägen. Man wird vom Goethe-Zeitalter sprechen, man wird an ihm den Zeitstrahl brechen lassen und nur noch von Tagen vor ihm oder nach ihm reden.

In Frankfurt, der alten Messestadt, begegnet er bereits als Heranwachsender der Jahrhunderte währenden Tradition des deutschen Buch- und Handelswesens. Er befindet sich im europäischen Zentrum des geistigen Austauschs, ja, der geistigen Produktion überhaupt, zwischen Straßburg und Leipzig. Auch zeitlich liegt Goethes Leben auf einer Hochebene: So erreicht der deutsche Messverkehr 1768 erstmalig wieder die absoluten Zahlen des einstigen Volumens vor dem Dreißigjährigen Kriege. Auch die Technologie entwickelt sich in den Goethejahrzehnten exponentiell, so wird unter anderem das Druckwesen mit Schnellpressverfahren revolutioniert und die geistige Produktivität potenziert, dabei ist es gerade einhundert Jahre her, dass Europa die größte Verwüstung seiner Geschichte erlitt. Und es soll keine weiteren hundert Jahre dauern, bis auch die politische Verwüstung, knappe 50 Jahre nach Goethes Tod, mit dem Jahr 1871 beseitigt werden wird.

Leben

Goethe wächst im alten Frankfurt auf. Er steht unter dem Eindruck der großen Handelsmetropole, sieht den alltäglichen Betrieb der Kanzlei des Vaters, die hohe Gesellschaft, in die er geboren wird. Geschäfte und Geschäftigkeit umgeben ihn. Doch in der jungen Persönlichkeit stehen ganz andere Fragen als nach Gewinn und Sicherheit. Natur und Sprache sind seine ersten elementaren Erlebnisse und bleiben es bis zum letzten Tage. 1765 geht Goethe nach Leipzig, um dem Wunsch des Vaters zu folgen und Jura zu studieren. Er widmet sich jedoch mehr den schönen Künsten, als der Rechtslehre.

1770 setzt er seine Studien in Straßburg fort, wo er entscheidende Prägung durch Johann Gottfried Herder (1744–1803) erfährt und in Kontakt mit den Dichtern Jakob Reinhold Lenz (1751–1792) und

❖ Goethes Mutter Catharina Elisabeth, geborene Textor.

Goethe reimte:
»Vom Vater hab ich die Statur,
des Lebens ernstes Führen,
vom Mütterchen die Frohnatur
und Lust zu fabulieren.«
(Zeichnung von Karl Bauer)

Friedrich Maximilian Klinger (1752–1831) gelangt. Die Straßburger Zeit ist die vielleicht entscheidenste in Goethes Entwicklung. Das Erlebnis des Straßburger Münsters lässt in ihm den Traum von Faust und Götz von Berlichingen lebendig werden und zur Vision aufsteigen: das Mittelalter tritt vor sein inneres Auge und der Wunsch zur Nachgestaltung in historisch-dramatischen Arbeiten nach der Art von Shakespeare.

1772 ergeht der Ruf nach Wetzlar, wo Goethe eine Zeitlang als Jurist tätig ist. Dann erfolgt 1775 eine Einladung Herzog Karl Augusts nach Weimar. Goethe zieht in die Stadt ein, mit der sein Name fortan verknüpft bleiben soll. Er wird Staatsbeamter und übt diese Tätigkeit zehn Jahre bei Hofe aus. Dann bricht er nach Italien auf, zu seiner legendären »Italienischen Reise«, die einen neuerlichen Wendepunkt in seiner Entwicklung markiert. Goethe reist unter fremdem Namen und in einheimischen Gewändern. Er will so unverfälscht wie möglich Begegnungen mit der Bevölkerung erfahren. Die plötzliche Reise führt zum Bruch mit Charlotte von Stein, mit der er sich bei Hofe in engster persönlicher Beziehung fand. Er widmete ihr unzählige Briefe und Gedichte.

1788 kehrt er nach Weimar zurück und lernt Christiane Vulpius kennen, die er nach einigen Jahren »wilder Ehe« heiratet. Die gleichzeitige Begegnung mit Friedrich Schiller steht zunächst unter ungünstigen Sternen. Erst über die Zusammenarbeit an den von Schiller herausgegeben *Horen* entwickelt sich eine Freundschaft, die bald zu den innigsten und fruchtbarsten der deutschen Geistesgeschichte zählt. 1808 erscheint *Faust, der Tragödie erster Teil.*

Johann Peter Eckermann tritt 1823 in das Leben Goethes und zeichnet in seinen Gesprächen mit ihm, die Berühmtheit erlangen werden, die letzten Jahre getreu auf. In dem Werk *Dichtung und Wahrheit* legt Goethe selbst Rechenschaft von seinem Leben ab. Am 22. März 1832 stirbt der große Mann in Weimar.

Wirken

Wie kein zweiter Dichter hat Goethe das deutsche Selbstbild geprägt und die geistige Landschaft unseres Kulturkreises, auch noch über seine Grenzen hinaus, derart wirkungsvoll befruchtet.

Mit den *Leiden des jungen Werther*, 1774 erschienen, traf er zunächst seiner Zeit ins Herz. Er wurde mit dem Briefroman über Nacht als Dichter in ganz Europa berühmt. Goethe hatte, wie es schien, einer ganzen Generation aus der Seele geschrieben, dabei war der Anlass für diesen Universalerfolg ein ganz persönlicher, die gescheiterte Liebe zu Charlotte Buff. Aber eben dieser Zusammenhang zwischen Goethes spezifischer Persönlichkeit und dem allgemeinen Leben der Epoche lieferte den Beweis für die stets unmittelbar wechselseitige Beziehung seiner Persönlichkeit mit der Zeit.

Goethes Gedanken waren immer auch die vorgezogenen Offenbarungen ganz und gar verborgener Wirkungskomplexe. So legte er mit seiner *Faust*-Tragödie den kraftvollen Typus des grübelnden deutschen Denkers an den Tag, der, bereits in vorangegangenen Jahrhunderten geahnt und geisterhaft gelebt, in der Folge zu der identitätsstiftenden Symbolfigur für die Deutschen reifen sollte. Fausts Ringen

◆ Karl Bauer, Goethe

um Sinn und Wahrheit, sein brennender Unruhegeist und der tiefe
Schwärmermut, dies alles wurde durch den Entwurf Goethes zum
personifizierten Nationalausdruck. Aber auch die historischen Dramen, wie etwa jenes über den fränkischen Ritter *Götz von Berlichingen*,
gaben den Blick in die verschüttete eigene Wesenheit frei, wenn es um
Gerechtigkeitsliebe, Eigensinn und Freiheitsdrang ging.

Die goethischen Gestalten entbehren nie des Bezuges zum Volksleben, vielmehr entspringen sie aus ihm, sind Klang und Charakter
seiner tausend Stimmen. Aber auch in der gewaltigen Stoffbreite liefert Goethe ein Beispiel nach deutscher Art. Ihm ist das Begrenzte
verhasst, die Einfalt und Beschränkung der Feind, er versucht immer Vermittler, Brücke und zugleich Sprungschanze zu sein.

Der von ihm im Spätwerk gestaltete *West-Östliche Divan*, eine
auf den ersten Blick durch und durch fremd wie exotisch anmu-
tende Sammlung von Gedichten, will der Versuch sein, dem Genius
jener fremdesten Dichtkunst durch die Kraft des deutschen Sprach-
vermögens verwandtschaftlichen Ausdruck zu verleihen und einen
unmittelbaren Wesensbezug zwischen zwei dichtenden Kulturkrei-
sen herzustellen.

Am reinsten und volkstümlichsten aber zeigt sich Goethe in seinen vielhundert Gedichten, die in ihrer vollendeten Formschönheit immer auch ein Beweis der unendlichen deutschen Sprachmöglichkeiten sind. Viele Tonkünstler, allen voran Franz Schubert und Ludwig van Beethoven, haben sich der Dichtungen Goethes befleißigt, ihnen musikalische Gewänder zu weben. Und wir alle kennen die wunderschönen, unvergesslichen Weisen, wie jene vom Knaben, der ein Röslein stehen sah. Auch ist der Wert Goethes, was die Schöpfung und Bereicherung des deutschen Sprichwortgutes anbelangt, unerreicht. Allein sein *Faust* ist eine schier unausschöpfbare Fundgrube, was die deutschen Redensarten betrifft. Vieles, von dem man glaubt, es sei schon Jahrhunderte in unserem Wortschatz lebendig, ist erst und einzig auf Goethe zurückzuführen.

Und selbst in den Naturwissenschaften hat sich Goethe nicht ohne Nachwirken verdient gemacht.

Zeugnis
(Aus den Gesprächen mit Eckermann)

Die Deutschen sind übrigens wunderliche Leute! – Sie machen sich durch ihre tiefen Gedanken und Ideen, die sie überall suchen und hineinlegen, das Leben schwerer als billig. – Ei! So habt doch endlich einmal die Courage, euch den Eindrücken hinzugeben, euch ergötzen zu lassen, euch rühren zu lassen, euch erheben zu lassen, ja euch belehren und zu etwas Großem entflammen und ermutigen zu lassen; aber denkt nur nicht immer, es wäre alles eitel, wenn es nicht irgendwie abstrakter Gedanke und Idee wäre!

Da kommen sie und fragen, welche Idee ich in meinem *Faust* zu verkörpern gesucht? – Als ob ich das selber wüsste und aussprechen könnte! – Vom Himmel durch die Welt zur Hölle, das wäre zur Not etwas; aber das ist keine Idee, sondern Gang der Handlung. Und ferner, dass der Teufel die Wette verliert, und dass ein aus schweren Verirrungen immerfort zum Besseren aufstrebender Mensch zu erlösen sei, das ist zwar ein wirksamer, manches erklärender, guter Gedanke, aber es ist keine Idee, die dem Ganzen und jeder einzelnen Szene im besonderen zugrunde liege. Es hätte auch in der Tat ein schönes Ding werden müssen, wenn ich ein so reiches, buntes und so höchst mannigfaltiges Leben, wie ich es im *Faust* zur Anschauung gebracht habe, auf die magere Schnur einer einzigen durchgehenden Idee hätte reihen wollen!

Legende

»Es gibt gewisse Worte, die plötzlich, wie ein Blitzstrahl, ein Blumenland in meinem Innersten auftun, gleich Erinnerungen alle Saiten der Seelen-Äolsharfe berühren, als:
Sehnsucht, Frühling, Liebe, Heimat, Goethe.«

Joseph Freiherr von Eichendorff

❖ ❖ ❖

❖ Karl Bauer, Matthias Grünewald

Matthias Grünewald

Steckbrief

- Geboren um 1475/80 in Würzburg oder Aschaffenburg, gestorben vermutlich am 31. August 1528 in Halle an der Saale
- Maler und Grafiker, Schöpfer des Isenheimer Altars

Chronik

Renaissance bedeutet Wiedergeburt, die Wiedergeburt des antiken Geistes nach dem Mittelalter. Sie beschwört die Form, berechenbare Idealbilder in Gestalt und Proportion, denen ohne die an- und abgemessene Darstellung der Reiz fehlt. Sie weigert sich dann, den Inhalt in seinem Wesen zu erfassen. Auch das Unbedeutende aber erhebt sie durch die ent- und ansprechende Prägung. In Italien erlebt die »Rinascita« vor allem im 15. und 16. Jahrhundert in allen Disziplinen, der Malerei, der Dichtung, der Musik, der Philosophie, ihren Höhepunkt.

Das deutsche Herz aber schlägt anders. Zwar bricht sich auch hierzulande der Humanismus Bahn und zeitigt hervorragende Zeugnisse von Intelligenz, Wortgewandtheit, Bildung und Sitte. Doch dem deutschen Gemüt widerstrebt die überbetonte Bedeutung der Form. Und auch das: Was soll denn wiedergeboren werden, wenn man doch alles schon immer tief in sich trug? Der schöne, mit Zirkel und Zollstock geschaffene Schein des Südens und die deutsche Innerlichkeit stehen in einem Kontrast, den die deutschen Künstler, allen voran Dürer, auf ihre eigene Art auszugleichen haben. Das meint, eine von Stürmen, Schmerzen und Geheimnissen zerfurchte Seelenwelt durch einen inneren Kampf in die Bahnen der Harmonie lenken.

Leben

Wir haben kaum ein Zeugnis über das Leben des Malers Matthias Grünewald, der auch Matthias von Aschaffenburg genannt wird. Nicht einmal seine genauen Lebensdaten kennen wir, auch seine Herkunft liegt im Dunkeln. Er war ein Zeitgenosse Dürers, wahrscheinlich wenige Jahre jünger, und starb wenige Jahre nach Dürer. Nach dem zu urteilen, wie er malt, muss er sowohl die Werke des berühmten Malerkollegen als auch die der anderen bekannten Künstler der Zeit, wie Cranach, Holbein oder Albrecht Altdorfer, gekannt haben. Die niederländische und italienische Malerei waren ihm vertraut. War er aber selbst in Italien? Sein ganzes Bildprogramm, die Ausstaffierung seiner Bilder lässt eins vermuten: Das Land der deutschen (Künstler-)Sehnsucht haben Meister Matthias eigene Augen nie zu sehen bekommen.

Eine wichtige Quelle zu Matthias Grünewald liefert Joachim von Sandrart, selbst Maler, Grafiker und Kunsthistoriker des Barock und ein warmherziger Behüter deutscher Kulturerrungenschaften, in seinem Hauptwerk *Teutsche Academie der Edlen Bau-, Bild- und Mahlerey-Künste* (1675–1679). Sandrart berichtet, dass Matthias sich vor allem in Mainz aufgehalten und hier ein »so melancholisches Leben« geführt habe. Für das Jahr 1505 kennen die Akten im Mainzer Vikariat einen »meister Mathis«, der in Aschaffenburg einen Gesellen beschäftigt. Der Mainzer Erzbischof Uriel von Gemmingen betraut Matthias Grünewald ab 1509 mit technischen Aufgaben, etwa als »Wasserkunstmacher«.

Dass Meister Mathis vor 1530 nach Halle geht, wo er vermutlich schon 1528 stirbt, hat einen gewichtigen Grund: Würzburg ist durch den Bauernkrieg schwer in Mitleidenschaft gezogen. Seit 1989 erinnert hier ein Denkmal an »Wucht, Wut und Verzweiflung« der aufbegehrenden Bauern, die 1525 unter schweren Verlusten vergeblich die Würzburger Festung belagerten. Die Inschrift des Denkmals lautet: »In blutigen Strafgerichten nahmen die Landesfürsten Rache an den Bauern und unterdrückten deren in 12 Artikeln zusammen-

❖ Der Nürnberger Bildhauer Peter Vischer (1455–1529) und der Maler Hans Holbein der Jüngere (1497–1543) waren Zeitgenossen von Matthias Grünewald. (Gezeichnet von Karl Bauer)

gefassten Forderungen nach persönlicher Freiheit und Mäßigung bei den herrschaftlichen Steuer- und Fronforderungen.« Hier war schlecht Leben für einen Künstler.

Außerdem ist Meister Mathis selbst zum Luthertum übergetreten. Damit verliert er seine wichtigsten Auftraggeber: Zisterzienser, Dominikaner, Antoniter und Albrecht von Brandenburg, Erzbischof von Magdeburg, später von Mainz. Die Habe, die er als Erbe seinem Sohn Endres hinterlässt, enthält, neben katholischen Kultgegenständen, das Neue Testament, ein »klein Büchlein gebunden« mit 27 Predigten des Reformators und »viel Scharteken (veraltet für: Schmöker, Wälzer) lutherisch«.

Man ist versucht anzunehmen, dass ein Künstler, über dessen Leben die Nachwelt nur so wenig mit Gewissheit erfahren kann, auch vor der eigenen Zeit als ein Unbeschriebener, gar Verkannter und Bedeutungsloser stand. Das stimmt nicht. Matthias Grünewald war oberster Kunstbeamter bei Hof und ein gefragter Maler. Vom Elsass bis nach Brandenburg ließen ihn Mäzene und Auftraggeber rufen. Er war wohl auch recht wohlhabend, besaß edle Pelzröcke wie sie nur vornehme Patrizier trugen. So war es keineswegs ein Namenloser, der um 1530 die seherischen Augen für immer schloss.

In seiner Schwermut hat Meister Matthias ein zurückgezogenes Leben geführt. Zu allem Elend soll er auch noch »übel verheiratet« gewesen sein. Das ist es, was Sandrart uns erzählt. Seine Bilder aber sprechen noch eine deutlichere Sprache: Er kennt die ganze Partitur menschlicher Gefühle, nicht nur von himmelhochjauchzend bis zu Tode betrübt, er bangt ständig zwischen Seligkeit und Verdammnis, Verzückung und Schrecken. Und so fühlt man auch beim Anblick seines Hauptwerkes, des Isenheimer Altars, dass er der tiefen Einsamkeit, die ihn umfing, die eine Hoffnung entgegensetzte: sie ertragen zu können.

Wirken

Wofür Matthias Grünewald gerühmt wird, offenbart sich bei der Betrachtung seines Hauptwerkes, des Isenheimer Altars. Wer will versuchen, auf der ganzen Welt Vergleichbares zu finden? Was immer die menschliche Seele zu fühlen imstande ist, hier ist es Farbe und Bild geworden: Hingerissenheit und Ekstase, Schmerz und Läuterung und Erlösung.

Zwischen 1505 und 1515 schuf Meister Matthias die Bilder für die Altartafeln im Isenheimer Kloster der Antoniter im Elsass. Die Gegenstände der Tafeln sind: Paulus und Antonius in der Wüste, die Versuchung des heiligen Antonius, Maria mit dem Kinde in einer Landschaft, von Engeln verehrt, Mariä Verkündigung, Kreuzigung und Beweinung und Auferstehung Christi.

1793 wurden die Altarbilder von Kommissaren der Französischen Revolution nach Colmar, das seit den Raubzügen Ludwigs XIV. wieder zu Frankreich gehörte, verfrachtet. 1871 wird das Elsass wieder deutsch und die Tafeln werden zum Schutz während des Ersten Weltkriegs nach München gebracht. Unzählige Begeisterte pilgern nach München, wo die Bilder in der Alten Pinakothek ausgestellt werden. 1919 müssen sie aufgrund des Versailler Vertrages wieder an Frankreich abgetreten werden. Heute befindet sich Matthias Grünewalds Monumentalwerk im Museum Unterlinden in Colmar.

Der Altar wirkt trotz seiner christlichen Ikonographie wie ein Evangelium gespenstischer Mystik, wie ein Bekenntnis zum phantastischen Realismus. Die Versuchung des Antonius entfesselt einen Hexensabbat mit wilden Dämonen und scheußlichen Ungeheuern. Sein Christus am Kreuz ist grausam gezeichnet von den Todesqualen, ein bis aufs Blut gepeinigter, kraftloser Schmerzensmann, der in seiner Verletzlich- und Vergänglichkeit ganz zum Menschen wird. In totenstarrer Trauer Maria ihm zu Füßen. Am großartigsten aber ist die Auferstehungsszene. Noch ein halbes Jahrtausend nachdem Matthias die Pinselstriche auf das Holz gesetzt hat, ist dem auferstandenen Christus nichts von seiner glühenden Farbgewalt verloren gegangen. Seine Lichtflut siegt über alle Dunkelheit der Erde. Wenn Kunst jemals göttlich war, dann ist sie es hier!

Matthias beherrscht das Spiel mit Helldunkel und Lichteffekten in nie erreichter Meisterschaft. In seinem Farbgefühl beweist er sich als grenzenloser Pathetiker, weit kühner als jeder Romane, aber doch nie in Manierismus abfallend. Er entfaltet seine ganze Kraft da, wo er auf zeichnerische Umrisse und einen konstruierten Aufbau verzichtet. Keine Sorge, er beherrschte Zirkel und Maß wie Leonardo. Aber den traumseligen, märchenhafte Duktus erreicht er nur, wenn er sich seinem Farbsinn hingibt.

Zeugnis

◈ Die Auferstehung in Grünewalds Darstellung für
den Isenheimer Altar.

Legende

Am 28. Mai 1938 wird in Zürich *Mathis der Maler* von Paul Hindemith uraufgeführt – eine Oper in sieben Bildern. Inspiriert zu diesem Werk wurde der Komponist beim Anblick des Isenheimer Altars. Leben und Leiden Meister Mathis' während Reformation und
Bauernkrieg sind Gegenstand der Handlung, schließlich seine Berufung, die Altarbilder zu schaffen. Die gleichnamige Sinfonie erlebte
1934 unter Wilhelm Furtwängler in Berlin ihre Uraufführung. Hindemith selbst verfasste das Libretto zu »Mathis der Maler«.

Erstes Bild, zweiter Auftritt

MATHIS:

> Ich will
> ja nichts andres als helfen. Nimmt man
> mit meiner Arbeit nicht vorlieb? Ich plage mich
> einsam, suche nach Gleichnis und Lösung. Was kann
> ich noch tun? In aller Not, was soll ich?
> Wo ist des Schaffens Boden, wo Wachsen und Reifen?

Gemeinsam mit Bauernführer Schwalb:

> Was an Taten in dir aufblühen soll,
> gedeiht an der Sonne Gottes allein,
> wenn deine saugenden Wurzeln tief hinein
> in den Urgrund deines Volkes greifen.

❖ ❖ ❖

◆ Karl Bauer, Ricarda Huch

Ricarda Huch

Steckbrief

- Geboren am 18. Juli 1864 in Braunschweig, gestorben
  am 17. November 1947 in Schönberg/Taunus
- Dichterin, Philosophin

Chronik

Ricarda Huch lebte ein epochenübergreifendes Leben: Wer, wie die
Schriftstellerin 1864 geboren wurde und 1947 starb, lebte in fünf politischen deutschen Systemen. Sie kam zur Welt, als Braunschweig
Residenzstadt des auf dem Wiener Kongress gegründeten gleichna-
migen und dem Deutschen Bund zugehörigen Herzogtums war. Das
Herzogtum Braunschweig kämpfte im Deutsch-deutschen Bruder-
krieg 1866 auf Preußens Seite gegen Österreich. Als im Spiegelsaal
zu Versailles das zweite deutsche Kaiserreich gegründet wurde, war
Ricarda Huch ein Mädchen von nicht einmal sieben Jahren. Braunschweig gehörte als Bundesstaat diesem Deutschen Reich an. Nach
dem Ersten Weltkrieg zwangen die Revolutionen, die das gebeutelte
Deutschland allerorten in Aufruhr versetzten, auch den Herzog
Ernst August von Braunschweig-Lüneburg zur Abdankung.

Im Freistaat Braunschweig rumorte es weiter. Spartakisten rie-
fen im April 1919 zum Generalstreik auf, alle Wirren der jungen
Weimarer Republik kamen auch im ehemaligen Herzogtum ganz
zum Tragen. Der sozialdemokratische Reichswehrminister Gustav
Noske rief Freikorps-Truppe zu Hilfe, um die öffentliche Ordnung
wieder herzustellen.

In München, wo Ricarda Huch zwischen 1918 und 1927 lebte,
spielten sich ähnliche Szenen ab: Vom 7. April bis zum 2. Mai be-

stand hier die durch Anarchisten, Radikalsozialisten und Kommunisten errichtete rote Räterepublik, die mit blankem Terror gegen Dissidenten vorging und Massenmord an Geiseln verübte. Wieder waren es Freikorpstruppen, die im Auftrag von Noske und gemeinsam mit der Reichswehr die Räterepublik zerschlugen.

Die meiste Zeit der nationalsozialistischen Diktatur verbrachte Ricarda Huch in Jena. Sie stand dem Regime kritisch und ablehnend gegenüber, konnte aber weiterhin publizieren und wurde auch öffentlich geehrt. Das Kriegsende erlebte sie ebenfalls in Jena, wo sie 1946 die Ehrendoktorwürde der Friedrich-Schiller-Universität erhielt. Sie ließ sich sogar dazu bewegen, den Ehrenvorsitz des »Kulturbundes zur demokratischen Erneuerung« in der sowjetischen Besatzungszone zu übernehmen. Dennoch verließ sie kurz vor ihrem Tod Thüringen, um die Sektorengrenze nach Hessen zu überschreiten. Am 17. November 1947 starb sie, ohne auch noch das sechste System der neueren deutschen Geschichte miterlebt zu haben: die Gründung von BRD und DDR.

Leben

Ricarda Huch kommt als Tochter einer betuchten Kaufmannsfamilie zur Welt. Der Bildungsstand in ihrer Familie und Verwandtschaft ist hoch, auch das literarische Talent breit gesät. Ihr Bruder Rudolf und ihre Vettern Felix und Friedrich werden ebenfalls als Schriftsteller zu einiger Berühmtheit gelangen. Als Ricarda 24 Jahre alt ist, entscheidet sie sich zu studieren. Noch sind die Voraussetzungen für junge Frauen, in Deutschland die Universität zu besuchen, nicht gegeben. Deshalb siedelt sie in die Schweiz um und schreibt sich in Zürich für Geschichte, Philosophie und Philologie ein. Eine wunderbare, leicht vor sich hinplätschernde und heitere Erinnerung an ihre Zürcher Zeit hinterlässt sie in dem 1938 erschienenen Bändchen *Ein Frühling in der Schweiz*.

Auf der Universität beginnen ihre lebenslangen Freundschaften mit der Biologin Marianne Plehn, die 1914 erster weiblicher Professor

◈ Ricarda Huch – Studie von Karl Bauer

in Deutschland wird, und der späteren Sozialpolitikerin und Reichstagsabgeordneten der Weimarer Republik Marie Baum. Auch ihre Bekanntschaft mit der Gynäkologin und Frauenrechtlerin Agnes Bluhm fällt in die Zeit ihres Studiums. Als eine der ersten Frauen überhaupt promoviert Ricarda Huch 1892 zum Dr. phil. Titel ihrer Dissertation: *Die Neutralität der Eidgenossenschaft, besonders der Orte Zürich und Bern während des spanischen Erbfolgekrieges.* Darin stellt sie fest: »Die Neutralität wurde gleichsam als etwas den Schweizern Anhaftendes betrachtet: Die bloße Anwesenheit einer schweizerischen Garnison konnte einen Platz zu einem neutralen machen ... Den Schweizern wurde im Kreise der europäischen Staaten die Rolle der Menschlichkeit inmitten der zerstörenden Kriegswut zugeteilt ... Wenn auch die Stimmen der Politiker, die auf eigenen Vorteil ausgingen, sich feindlich über die eidgenössische Neutralität ausließen, so war doch die allgemeine Meinung im Auslande noch wie ehemals die des Simplicissimus, dass die ›freien und neutralen Schweizer‹ zu beneiden seien: ›Man haltet aller Orten die Schweizer für die glückseligsten Leute, weil sie bei so ernstlich brennenden Kriegsflammen in so erwünschtem Frieden und Ruhstand sitzen können.‹«

Danach arbeitet Ricarda Huch als Lehrerin an einer Mädchenschule in Zürich, später in Bremen, merkt aber, dass das genauso wenige ihre Berufung ist wie der Dienst als Bibliothekarin. Mehr und mehr, vor allem nach ihrer Hochzeit 1898 mit dem italienischen Zahnarzt Ermanno Cerconi (Scheidung 1906) konzentriert sie sich aufs Schreiben. 1907 heiratet sie ihren Jugendschwarm und Schwager Richard Huch. Da ist sie schon eine bekannte Schriftstellerin und kann ganz von ihrem Dichterberuf leben.

Wirken

In dem zeitgenössischen Nachschlageband *Meisterwerke neuerer Novellistik* heißt es über Ricarda Huch, ihre Dichtung sei angesiedelt in »Traumlanden und isolierten Gärten«. Ihr Stil erinnere »auffallend stark an die schönheittrunkene Zeit der Romantiker, die in selbst geschaffenen Welten ihre Gestalten leben und träumen ließen«. Außerdem seien für ihr Werk »ein lebensfroher Optimismus, die Freude an der Schönheit des wirklichen Lebens« bezeichnend. Der Germanist Richard Meyer (1860–1914) nimmt sie bereits 1899 in sein Lexikon *Die deutsche Literatur im 19. Jahrhundert* auf und urteilt: »Ein reiches Talent trat Ricarda Huch unter die vielen kleinen Begabungen unserer Tage. Ihr fast allein schien eins gegeben, was den Genius charakterisiert: verschwenderischer Reichtum und lächelnde Leichtigkeit der Erfindung.«

Eines ihrer größten Verdienste ist die Wiedererweckung der Romantik durch eine umfangreiche und einfühlsame Darstellung. Egon Friedell schreibt dazu: »Wenn man die Romantik als eine einheitliche lineare Bewegung von etwa 1790 bis 1830 fasst, so gelangt man zu der Ungereimtheit, die erste Schule, die etwas sehr Spätes, nämlich die letzte, überreife und schon etwas wurmstichige Frucht der Aufklärung war, als ›Blütezeit‹ und die zweite Schule, die etwas ganz Neues, eine Geburt war, als ›Verfall‹ zu bezeichnen, wie dies Ricarda Huch in ihrem zweibändigen Werk, einem sonst sehr liebevollen und verständnisreichen Versuch weiblicher Einfühlung, getan hat.«

Als Hitler 1933 an die Macht kommt, hat Ricarda Huch also schon reichen literarischen Ruhm durch ihre Gedichte, Theaterstücke und historischen Abhandlungen geerntet. Bald darauf, im Sommer 1933, tritt sie aus der Preußischen Akademie der Künste aus – eine Protestaktion gegen das Regime, das einige ihrer Freunde der schreibenden Zunft zu unterdrücken begonnen hat. Wohl wegen der meist national-konservativen Färbung ihrer Werke wird sie aber auch im Dritten Reich wohlwollend in der Sekundärliteratur erwähnt. Fritz Lennartz zum Beispiel lobt sie als »Hüterin deutscher Tradition«, Adolf Bartels schreibt über ihre Dichtung, sie sei die »vollendste Verbindung romantischen und modernen Geistes, die überhaupt in Deutschland hervorgetreten ist«. Waldemar Ohelkes *Deutsche Literatur der Gegenwart* (1942) hingegen konstatiert: »Ricarda Huchs Blick ist wie immer südwärts gerichtet, abseitig von den treibenden deutschen Kräften der Gegenwart, insbesondere des Germanisch-Nordischen«. 1944 erhält die 80-jährige Dichterin den Wilhelm-Raabe-Preis ihrer Geburtsstadt Braunschweig.

Ricarda Huch galt schon zu Lebzeiten als eine der klügsten und umsichtigsten Frauen Deutschlands, aber auch über die deutschen Grenzen hinaus war sie bekannt und wurde in ihrer Bildung und Geisteshaltung als Vorbild empfunden. Die schwedische Reformpädagogin und Schriftstellerin Ellen Key erwähnte sie 1914 in ihrem Traktat *Über Liebe und Ehe:* »Was jede Frau in unserer Zeit mehr als in irgendeiner anderen braucht, das hat Ricarda Huch mit den Worten ausgesprochen: ›Mut für sich, Mitleid für die anderen!‹«

Zeugnis

(Dem Kapitel »Der romantische Charakter« aus ihrem Werk
Die Blütezeit der Romantik stellt Ricarda Huch das Zitat Friedrich Schlegels voran: »Wer etwas Unendliches will, der weiß
nicht, was er will; aber umkehren lässt sich dieser Satz nicht.«)

Das ist der romantische Charakter, wie er träumerisch, die Augen
in den Wolken, durch die Werke Tiecks und seiner Gefährten wandert, ihr eigener Doppelgänger; der bewusstwerdende, der moderne,
in dem Geist und Natur, von einander ergriffen, sich immer wieder
berühren und zu vermischen streben, um heftiger auseinander zu
stieben ... Was ihm fehlt, ist Charakter und Harmonie, aber er hat,
wenn man den Berührungspunkt des Bewussten und Unbewussten
so nennen darf, Seele. Er hat einen Körper, in dem das ausgelassene
Herz bald zu geschwinde, bald zu träge klopft, ein Gesicht, aus dem
uns suchende, ahnende Augen voll Geheimnis entgegen sehen ...

Das Bewusstwerden, die beständigen Berührungen zwischen Natur und Geist, denen nie eine gänzliche Vereinigung folgt, die auf-
regenden Stelldicheine in der Dämmerung sind die Ursachen jener
grenzenlosen Sehnsucht, jenes unersättlichen Verlangens, wonach
der Romantiker sich aufzehrt ... Ein leiser Zug, man weiß nicht wo-
hin, vielleicht nach einer fernen, fernen Waldwiese, auf der ein aller-
schönstes Bild auf uns wartet, sei es Liebe oder Tod, willkommen im
allmächtigen Blick.

Was aber den meisten Menschen nur ein flüchtiges Mitzittern der
Saiten in das große Harfenspiel der Natur ist, das ist der Grundton
des romantischen Charakters, sein Merkmal, sein Hauptvermögen,
seine Schönheit, sein Fluch. Dass sie diese zehrende Sehnsucht nicht
kannte, machte die Größe, Schönheit und Vollendung der Antike,
aber ihre Begrenztheit liegt auch darin. Aus der Zerrissenheit des
modernen Menschen wächst sie heraus, eine Marterblume mit tie-
fem, blutendem Kelche, aus dem sich seelenberauschende Düfte unablässig in die Unendlichkeit ergießen.

Legende

(Edgar Steiger lebte von 1858 bis 1919 und war ein deutsch-
schweizerischer Journalist und Schriftsteller. Für die Münchner Kulturzeitschrift *Jugend* verfasste er 1903 einen hym-
nischen Artikel auf Ricarda Huch, der hier in Auszügen
wiedergegeben ist.)

Jede echte Dichtung ist eine Beichte, der Dichter das Beichtkind, der
Priester die Mit- und Nachwelt. Man muss nur zu lauschen verstehen, und man kann alle Geheimnisse dieser Leute erfahren; denn sie
sind grausam und unerbittlich gegen sich selbst und kennen keine
Schonung noch Scham. Nur der Philister denkt an das Ärgernis, das
er andern geben könnte. Wem sich alles in Schönheit verwandelt,
der hat das Recht, nackt umherzuwandeln wie Adam und Eva.

Wem sich alles in Schönheit verwandelt! Ja, da liegt des Rätsels
Lösung. Was ist alle Kunst als ein ewiges Gebären neuer, ungeahn-
ter Schönheiten? Was ist alles Schaffen und Ringen des Künstlers
als eine nie endende Entdeckungsreise durch das graue Meer des
Alltags nach den fernen Landen der Sehnsucht? Wer den Zauber-
stab hat, kann selbst das graue Meer in Gold verwandeln, und das
Land der Sehnsucht ist überall allgegenwärtig, wenn man nur Augen hat, es zu sehen.

Nur Sonntagskinder haben diese Augen. Ricarda Huch ist solch
ein Sonntagskind. Als sie noch in den Windeln lag, traten drei selt-
same Gestalten an ihre Wiege und brachten dem Neugeborenen
ihre Patengeschenke. Der eine, ein leicht ausschreitender Mann mit
einem prächtigen Apollokopf, in dem zwei dunkle Augen wie Son-
nen strahlen, legte ihr ein marmornes Götterbild auf's Kissen; der
andere, ein träumerischer Jüngling, der gar nicht von dieser Welt zu
stammen schien, schlug die dicken Vorhänge des Fensters zurück
und ließ den bleichen Mond darauf scheinen; der dritte aber, ein
Denker, dessen hohe, breit ausgebuchtete Stirne das ganze Gesicht
überschattete, küsste ihr ein stummes Fragezeichen auf die glatte
Stirne. Die, die es mit ansahen, haben in ihnen Goethe, Novalis und
Nietzsche zu erkennen geglaubt.

Klassizismus und Romantik haben sich schon öfter vermählt, und immer waren es eigenartige, schöne, wildwüchsige Kinder, die diesem seltsamen Ehebund entsprossen. Ich erinnere nur an Gottfried Keller und Conrad Ferdinand Meyer. Ricarda Huch bildet mit den beiden Schweizern ein Trio. Sie hat, wie Keller, den Hang für das Absonderliche und die geheime Freude, es als etwas Selbstverständliches zu erzählen, und sie liebt die klassisch geschliffene Form wie Conrad Ferdinand Meyer. Auch ihre Kunst wurzelt in der Heimat.

❖ ❖ ❖

Alexander von Humboldt

Steckbrief

- Geboren am 14. September 1769 in Berlin, gestorben am 6. Mai 1859 ebenda
- Naturforscher und Universalgelehrter

Chronik

Das 18. Jahrhundert ist ein Zeitalter der Entdeckungen und des Pioniergeistes. Auf geistiger Ebene bedeutet das: Aufklärung. Der Vernunft, der Selbsterkenntnis, der Sinneserfahrung und der Reflexion wird gegenüber den althergebrachten Denkmustern und Autoritäten der Vorrang eingeräumt. Dennoch ist der Glaube an die Erziehung stark wie nie, wenn sie nur zum richtigen Gebrauch der Vernunft führt. In Frankreich geben Diderot und d'Alembert eine Enzyklopädie heraus, die das gesamte menschliche Wissen sammeln und der Allgemeinheit zugänglich machen soll. Klientel ist das Bürgertum, dessen Selbstbewusstsein sich auf den Fähigkeiten jedes einzelnen gründet. Die Epoche erobert das Reich der Gedanken, drängt aber auch in die absolute Lebenswirklichkeit.

Zur Jahrhundertwende, am 11. Juli 1700, wird in Berlin die Preußische Akademie der Wissenschaften gegründet, deren erster Präsident das Universalgenie Leibniz wird. Es ist die einzige Einrichtung ihrer Art in Europa, die Natur- und Geisteswissenschaften vereint.

Im 18. Jahrhundert finden auch die ersten Expeditionen statt, die ihren Auftraggebern nicht Land und Bodenschätze einbringen sollen, sondern sich die Vermessung der Erde mit all ihren Geheimnissen und Wundern zum Ziel gesetzt haben.

❖ Karl Bauer, Alexander von Humboldt

Leben

Alexander von Humboldt ist der Spross einer pommerschen Offiziersfamilie. Mütterlicherseits hat er hugenottische Vorfahren. Der Hohenzollernprinz und spätere Preußenkönig Friedrich Wilhelm II. ist Taufpate des Knaben. Schon das zeigt die hohe Stellung der Familie. Die Humboldts haben die Möglichkeiten, Alexander und seinem zwei Jahre älteren Bruder Wilhelm die beste Erziehung angedeihen zu lassen. Die Brüder werden vom Sprachforscher und Vertreter der Aufklärung Joachim Heinrich Campe unterrichtet, später in Mathematik, Deutsch, Latein, Griechisch, Französisch, Geschichte von Christian Kunth, der sich als Pädagoge und Politiker einen Namen machte. Kunth wird nach dem Tod des Vaters 1779 zum engen Vertrauten und väterlichen Freund der Humboldt-Brüder. Alexander ist dem älteren noch etwas unterlegen, das verschont ihn für eine Weile vom Griechischunterricht. Die gewonnene Zeit investiert er oft ins Zeichnen. Er hat Talent darin.

Nach dem gemeinsamen Besuch der Frankfurter Universität geht Wilhelm nach Göttingen und Alexander nach Berlin. Jetzt holt er nach, was er im Griechischen versäumt hat, übt sich vor allem aber in Mathematik. Sein Lehrer, der Physiker und Mathematiker Ernst Gottfried Fischer, bescheinigt dem 19-Jährigen, dass er ein sehr guter Mathematiker werden könnte, wenn er sich nur ausschließlich dieser Disziplin widmen würde. Solche Kritik kann Alexander von Humboldt nicht verstehen. Was kann falsch daran sein, wenn man an allen Details des Lebens ein wirkliches und ernstes Interesse entwickelt? Wenn man alles spannend findet, was sich in der Natur, in Flora und Fauna, oder an den neuesten technologischen Errungenschaften beobachten lässt? Wenn man die Pausen zwischen den Lektionen mit Träumen von weiten Reisen, zum Beispiel nach Ägypten, füllt? Bald lernt er den Naturforscher und Weltumsegler Georg Forster kennen und bricht kurze Zeit danach selbst zu einer Reise nach Holland, Belgien, England und Paris auf. Es ist die erste kurze Expedition. Weit gefährlichere und fernere sollten folgen.

Alexander von Humboldt ist der Überzeugung: »Jeder Mann hat die Pflicht, in seinem Leben den Platz zu suchen, von dem aus er seiner Generation am besten dienen kann.« Er erkennt, dass sein Platz zu diesem Zweck nicht der Staatsdienst als Oberbergmeister sein kann. Am 5. Juni 1799 bricht er mit dem französischen Arzt und Botaniker Aimé Bonpland nach Südamerika auf – mit Einverständnis der spanischen Krone will er den Subkontinent umfassend erforschen: »Ich werde Pflanzen und Fossilien sammeln, mit vortrefflichen Instrumenten astronomische Beobachtungen machen können. Das alles ist aber nicht Hauptzweck meiner Reise. Und auf das Zusammenwirken der Kräfte, den Einfluss der unbelebten Schöpfung auf die belebte Tier- und Pflanzenwelt, auf diese Harmonie sollen stets meine Augen gerichtet sein.« Erst 1804 kehrt Humboldt nach Europa zurück. 30 Bände umfasst sein Werk, das die Reise und seine Forschungsergebnisse beschreibt. 50 Maler und Grafiker beschäftigte er, um die Monumentalabhandlung zu bebildern! Die politische Konstellation in Europa verhindert danach weitere Expeditionspläne. Erst 1829 bricht er noch einmal auf. Es geht nach Russland, in ein Land, »das sich über mehr als 135 Längengrade erstreckt, von der fruchtbaren Zone der Olivenbäume bis zu den Landstrichen, wo der Boden nur noch mit flechtenartigen Pflanzen bedeckt ist«. 1830 ist Humboldt wieder in Berlin und wird bis zu seinem Tod ein prägender Kopf des dortigen Wissenschaftsbetriebs. Zu Ehren der beiden Brüder trägt die Universität heute den Namen Humboldt.

Wirken

»Er macht eine einzig schöne Reise«, schreibt Wilhelm von Humboldt kurz nach der Abfahrt des Bruders nach Südamerika an Goethe, »und ist ein glücklicher und beneidenswürdiger Mensch. Es ist selten, dass das Schicksal einen Menschen so begünstigt, das zu werden, wozu ihn die Natur bestimmt hat, und noch seltener, dass ein Mensch selbst diese Bestimmung so früh und so ganz findet. Er hat sich nie einen einzigen Augenblick von seinen Lieblingsstudien abbringen, nie auf seinem Wege irre machen lassen, und was ihn darauf erhalten hat, war einzig sein Genie.«

»Wahrscheinlich kehre ich nicht lebendig zurück«, hatte Alexander von Humboldt vor seiner Amerikareise selbst geschrieben. Doch er übersteht alles: Eine drei Monate dauernde Kanufahrt über reißende Flüsse, bei der er die Verbindung zwischen Orinoko und Amazonas nachweist, die Angriffe feindlicher Eingeborenenstämme, das drückend schwüle Klima, Moskitoplagen und Raubtierattacken. Dabei kann Humboldt, wie er seinen entsetzten Reisegefährten mitten im Strom erklärt, nicht einmal schwimmen. Den Chimborazo, einen Vulkan mit einer Höhe von 5759 Metern, besteigt Humboldt in Halbschuhen. 500 Meter vor dem Ziel muss er aufgeben. Eine unüberwindbare Schlucht trennt den Forscher vom Gipfel. Der Vulkan gilt damals als höchster Berg der Erde. Humboldts Höhenrekord hat immerhin 20 Jahre Gültigkeit. Fast 3000 Kilometer legt die Humboldt-Expedition zurück, von denen jeder einzelne wichtig sein sollte für die Weltphysik, das Zusammenspiel der ganzen Natur, die Humboldt beschreiben möchte.

Egon Friedell sagt in seiner *Kulturgeschichte der Neuzeit*, Alexander von Humboldt habe ein Menschenalter lang als »der größte Ruhm Deutschlands« gegolten. Und der Dramatiker Heinrich Laube bemerkt in dem Sammelband *Reise durch das Biedermeier* über Alexander und seinen Bruder Wilhelm von Humboldt: »Die Humboldt sind die modernen Dalberg, untadelige Kulturritter, denen bei allen Staatsaktionen der Ritterschlag geboten sein sollte. In jeder höheren Schule müsste monatlich einmal gerufen werden: ›Ist kein Humboldt da?‹« Während Wilhelm in seinen philologischen Schriften und politischen Ämtern (unter anderem als Preußens Abgesandter auf dem Wiener Kongress) »nach dem Herzen der Welt« geforscht habe, »erkundete Alexander alle Muskel des Weltkörpers und die Gesetze des Lebens«. Charles Darwin bezeichnete ihn als »den größten Wissenschaftsreisenden, der jemals gelebt hat«. Simon Bolivar, der südamerikanische Unabhängigkeitskämpfer gegen die spanischen Kolonialherren, lobte ihn: »Alexander von Humboldt, der Entdecker der Neuen Welt, dessen Studium Amerika Besseres gegeben hat als alle Konquistadoren.«

Was gelehrte Herren hier ausdrücken wollen, bringt die Berliner Schnauze auf einen einfachen Nenner. Hier heißt Alexander von Humboldt auch Alexander der Große.

Zeugnis

Überall geht ein frühes Ahnen dem späteren Wissen voraus.

Der Mensch muss das Gute und Große wollen, das Übrige hängt vom Schicksal ab.

Gewiss ist es fast noch wichtiger, wie der Mensch sein Schicksal nimmt, als wie sein Schicksal ist.

Legende
(Der Ägyptologe Heinrich Brugsch lebte von 1827 bis 1894.
Nachfolgend Erinnerungen an Alexander von Humboldt aus
Brugschs Autobiographie *Mein Leben und mein Wandern*.)

Kaum ein Jahr nach dem Tode meines eigenen Vaters sollte ich den großen Schmerz erleben, Alexander von Humboldt am 6. Mai 1859, zweieinhalb Uhr nachmittags, aus dem Leben scheiden zu sehen und somit einen väterlichen Beschützer ein für allemal zu verlieren. Schon einige Monate vor diesem traurigen Tage fühlte der unvergleichliche Gelehrte und Menschenfreund die zunehmende Abnahme seiner Kräfte. Nichtsdestoweniger setzte er seine Arbeiten an dem Kosmos mit ununterbrochenem Eifer fort, um noch vor seinem Tode sein Lebenswerk, die ganze Summe seiner Studien umfassend, der Nachwelt als ein Erbe seines Geistes zu hinterlassen.

Bei einem meiner Besuche erhielt ich zu meiner größten Überraschung aus seinen Händen die ungeordneten Sammlungen zu einer von ihm begonnenen, aber unvollendet gebliebenen Arbeit über die Entstehung der Ziffern und den Ursprung der Rechenmethoden bei den verschiedenen Völkern der Erde. »Ich übergebe Ihnen diese Handschrift«, so redete er mich an, »um sie nach meinem Tode zu veröffentlichen. Es sind wilde Materialien, an welchen ich vierzig Jahre lang gesammelt habe, um sie dereinst in aller Muße zu verarbeiten. Meine Tage sind gezählt, und so übergebe ich Ihnen, der über die Zahlzeichen und das Rechnungswesen der alten Ägypter sich so eingehenden Forschungen hingegeben hat, dies Manuskript mit der Bitte, die Aufgabe in meinem Sinne zu lösen.«

Ein Schlaganfall, welcher mitten bei der nächtlichen Arbeit den hochberühmten Nestor der Wissenschaft getroffen hatte, nötigte ihn, die Feder für immer niederzulegen, um seinen Tod in dem Bette seines Alkovens mit philosophischer Ruhe zu erwarten. Ganz Berlin nahm den innigsten Anteil an seinem Leiden, und selbst die Prinzessinnen des königlichen Hauses fühlten sich bewogen, bei seinem Heim vorzufahren, sich nach seinem Ergehen zu erkundigen und Blumenspenden zu hinterlassen.

Für die Beisetzung Alexander von Humboldts im Dome zu Berlin war die achte Morgenstunde bestimmt. Eine unglaubliche Menschenmenge hatte sich lange vor der angesetzten Zeit in der Nähe des Sterbehauses eingefunden, um durch ihre Anwesenheit ihre Teilnahme zu bekunden. Zu den ersten, die sich dem Trauergeleit anschlossen, gehörten die Vertreter der Stadt Berlin, die ihrem Ehrenbürger diese letzte Huldigung auf Erden bezeugten. Selbstverständlich bildete die gelehrte Welt den Hauptteil der Leidtragenden. Der Leichenzug, der nicht enden zu wollen schien, schlug den Weg nach der Friedrichstraße ein und bog bei seiner Ankunft Unter den Linden in der Richtung nach dem Dom ein. Meine Wenigkeit als Privatdozent an der Berliner Universität befand sich unter den letzten im Zuge, aber tiefer konnte niemand den Schmerz empfinden, der meine Brust bei dem Gedanken an den Verlust des Unvergesslichen erfüllte, der mit so mächtiger Hand in mein Leben eingegriffen hatte, nachdem er das Soldatenkind aus dem Staube zu sich emporgehoben hatte.

❖ Karl Bauer, Friedrich Ludwig Jahn

Friedrich Ludwig Jahn

Steckbrief

- Geboren am 11. August 1778 in Lanz, gestorben
  am 17. Oktober 1852 in Freyburg an der Unstrut
- Als »Turnvater« Begründer der Turnbewegung, Philosoph,
  Politiker, Patriot

Chronik

Das ausgehende 18. Jahrhundert gibt endlich die Kräfte frei, die unter dem düsteren Druck der starren feudalen Ordnungen gelähmt waren. Das durch Fürstengewalt und äußeres Elend gemaßregelte Volksleben sagt sich los von den auferlegten Begrenzungen der ständischen Sitte, es entwickelt aus den eigenen verschütteten Sehnsüchten neue Ausdrucksformen des Lebens: in der Mode, in Liedern und letztlich auch im Erwachen eines neuen politischen Willen, denn wo vorher gar kein Bewusstsein war für die höheren Ordnungsgefüge, steht nun das flammende Aufbegehren der unerfüllten Bedürfnisse.

Das kritische Flugblatt kommt noch einmal herauf, so wie einst, als Luthers Wort mit Gutenbergs Zaubererfindung die Glut der Reformation schürte, und auch zahllose vaterländische Vereinigungen treten nun an den Tag, der von so viel Fragen und Verlangen umstellt ist. Es bedurfte, wie so oft in der Geschichte, erst einer großen Not, einer äußeren Bedrohung, um die inneren Kräfte in Bewegung zu setzen. Der große Tyrann Napoleon ist es, der die Freigeister auf den Plan der Weltgeschichte ruft. Und so ist der Übertritt ins 19. Jahrhundert der vielleicht gewaltigste Schwellenschritt der deutschen Volksemanzipation, und ganze schlafende Jahrhunderte führt es in seinen erwachenden Tiefen mit.

Da tritt auch das Selbstverständnis des menschlichen Körpers, des menschlichen Selbstbildes überhaupt in eine ganze neue Position, nämlich in sein Verhältnis zum Volksganzen. Man begreift sich durch den geschichtlichen Zusammenhang, sucht und findet die Identifikation in alten Chroniken und Märchen, es ist Zeit, in der auch die Brüder Grimm durch die Lande wandern, um die alten Geschichten und Sagen aufzuschreiben.

Leben

Ludwig Jahn studiert von 1796 bis 1802 in Halle, Göttingen und Greifswald. Im Herbst 1806 will er sich freiwillig zum preußischen Heer melden, kommt aber – im geschichtlichen Sinne – »zu spät«, da er erst nach der großen Schlacht von Jena und Auerstedt eintrifft. Er begibt sich dann auf längere Reisen durch Deutschland, um Sprachforschungen zu betreiben. 1809 geht er nach Berlin, wo er bald den Lehrerberuf ergreift. Er unterrichtet am Gymnasium zum Grauen Kloster sowie an der Plamann'schen Erziehungsanstalt. Bemerkenswert ist der Umstand, dass auch Otto von Bismarck an diesen beiden preußischen Bildungseinrichtungen als Schüler eingeschrieben war.

Jahn verwindet die Niederlage und französische Unterdrückung Deutschlands nicht, er beschließt, sich fortan für die Entwicklung der physischen wie moralischen Volkskraft einzusetzen. Die Turnkunst scheint ihm dabei Mittel und Weg zu sein. So eröffnet er 1811 einen ersten Turnplatz auf der Hasenheide. Gleichzeitig tritt er mit zahlreichen Schriften hervor, die einen großen Anteil an der Erhebung des Volksgeistes gegen den korsischen Tyrannen haben. Im Februar 1813 eilt Jahn als Freiwilliger nach Breslau und schließt sich als einer der Allerersten den Lützower Jägern an. Jahn wird Führer eines Bataillons und zugleich für geheime Aufträge der Regierung verwendet.

1817 und 1818 hält Jahn dann in Berlin Vorlesungen über das deutsche Volkstum und wird staatlicher Turnlehrer. Er ist auch an der

Gründung der Urburschenschaft in Jena beteiligt. Dann fällt jedoch der Schatten der Geschichte über ihn. Durch sein freizügiges Auftreten, auch gegenüber der Realpolitik, gerät er unter Verdacht, ein Demagoge zu sein. Er wird am 14. Juli 1819 verhaftet und zunächst nach Spandau gebracht. Seine Turnplätze werden geschlossen. Es folgen Jahre der Festungshaft, unter anderem in Kolberg. Auch wird ihm, aus Angst vor neuer Einflussnahme, das Recht auf Heimkehr in seine alte Universitätsstadt verweigert. Erst 1840 wird er von König Friedrich Wilhelm IV. rehabilitiert. Er erhält jetzt auch das Eiserne Kreuz für seine Verdienste in den Befreiungskriegen. Seinen großen Lebenstraum glaubt Jahn 1848 verwirklicht zu sehen. Er wird Abgeordneter der Paulskirche.

Jahn stirbt am 15. Oktober 1852 in Freyburg an der Unstrut.

Wirken

Ludwig Jahns Sendung für das deutsche Nationalbewusstsein liegt in Wort und Tat beschlossen. Er hat nicht nur die Grundlagen einer völlig wesentlichen Gesundheits- und Sportanschauung gelegt, in dem er die körperliche Ertüchtigung als einen der wichtigsten Pfeiler gesunden Volkslebens erkannte, sondern er hat es vermocht, die physischen Wirkungskomplexe jedes Einzelnen in den höheren Zusammenhang des Ganzen zu stellen und mit dem Wesen der deutschen Volksseele zu verknüpfen. Dabei hat er nicht nur natur- und humanwissenschaftlich gehandelt, sondern zugleich auch politisch entscheidende Wege bereitet.

Er war Philosoph, Lehrer, Turnmeister und Soldat. Er war die glückliche Verbindung dessen, was er mit seinem Turngedanken stets zu vermitteln versuchte: »Körper und Geist zugleich«. Er hat ein neues und unendlich notwendiges Bewusstsein in den Menschen seiner Zeit geweckt und für alle nachfolgenden Generationen in die Welt geführt. Eine ganze Bewegung nahm seine Ideale auf, kämpfte für die Einigung und Befreiung des zerstückelten Deutschlands, getreu der Jahn'schen Forderungen nach »freier Rede, Verfassung, Einheit des Vaterlandes«.

Er war Pionier des Sportgeistes und des deutschen Vereinswesens. Für letzteres lässt sich gar kein gebührender Bedeutungsmaßstab finden. So hat er hat für die Entwicklung der deutschen Kulturlandschaft sowie für das organisierte Privatleben entscheidende Grundlagen geschaffen. Viele Denkmäler und Straßennamen bezeugen noch die Jahn-Verehrung des vergangenen Jahrhunderts, doch auch er steht, wie so viele Große, unter Beschuss der Nationalnihilisten. Aber das unsichtbare Jahn-Denkmal, wo immer gesunder Geist sich mit körperlicher Leistung und Lebensfreude vereint, wird aufgerichtet bleiben.

Zeugnis

Es gibt kein Stillmittel gegen die Anforderungen des Herzens als Tätigkeit.

Ein kernfester Leib ist notwendig zum Ringen mit dem kernfaulen Zeitalter.

Ein Volk lebt, webt, steht und vergeht mit seiner Sprache.

Frisch, fromm, fröhlich, frei!

Legende
(Ernst Moritz Arndt über Ludwig Jahn)

Ja, der gutmütige deutsche Schalk, das bleibt die Überschrift auf Jahns Leben. Wann höhere Gefühle von Ehre, Vaterland und Freiheit ihn nicht eben hielten, sprang dieser lustige Schalk sogleich aus ihm hervor, oder vielmehr ging er mit ihm durch; und durch diese seine angeborne Natürlichkeit, die doch als Lust und Liebe in seinen schönen blauen Augen und in all seiner Gebärde leuchtete, hat dieser Mann, wie ich eben sagte, durch seine Gebärde so als durch seine Rede und die seltene Gabe derselben die große Macht auf das gute gemeine Volk und auf die Knaben und Jünglinge gehabt, welche ihm ja bös genug in die Schuhe gegossen worden ist.

Er war kein gewaltiger Redner, aber war ein geborner Sprecher, Erzähler und Fabelmacher für alle Kleinen und Geringen. Er hatte das Volk im Herzen und verstand die Sprache desselben wohlgefällig zu sprechen. Er trug einen reichen mächtigen Bestandteil deutscher Art in seinem Innern. Ich darf sagen, indem ich den Mann und seine treue redliche Wirksamkeit auf Erden heute noch loben muss: Jahn konnte vortrefflich eulenspiegeln, ja, wann er in guter Laune war, musste er diese Rolle oft spielen; aber nur die Rolle des lustigen schalkhaften Eulenspiegels, nicht des schmutzigen und unflätigen, womit die Geschichtsbücher des in Mölln an der Elbe begrabenen Eulenspiegels gefüllt sind.

Zu Jahns Ehre sei es gesagt: leicht fuhr sein Herz, ja zu leicht fuhr es ihm oft über die Zunge, aber von allen wüsten und schlüpfrigen Späßen wandte sich sein Blick und sein Wort flugs im unwilligen Zorn ab. Indem er vieles oft oberflächlich und leicht zu nehmen schien, muss doch bekannt werden, dass es mit der Ehre, mit der deutschen Ehre und Ehrlichkeit, mit der deutschen Treue und Sittlichkeit wenigen wohl mehr ernst gewesen ist als ihm …

Ihm war widerfahren, was allen Rhapsoden, die in Gottesbegeisterung aus einer gewissen Höhe zum Volk zu reden bestimmt sind, unvermeidlich widerfahren muss, dass sie nicht nur alles Leben und die Erscheinungen desselben erzählen und schildern müssen, sondern dass sie mit allem ihrem Sein in dem ewig beweglichen Redestrom mit fortgeschwemmt werden. Nicht bloß was er getan, gewirkt und geschaffen hatte, sondern auch alles was er jemals gewollt, entworfen, gestrebt oder wozu er nur Anläufe genommen hatte, war in das Fabelleben seiner Rede so unwillkürlich und unbewusst mit verflochten, als wären Taten und Werke gewesen, was zum Teil kaum Einfälle und Anläufe, geschweige geordnete Entwürfe gewesen waren. Daher bei ihm vor vielen so leicht der Schein des Prahlers. Es war dies auch nur eine eulenspiegelnde Poeterei des Fabulanten.

In dieser Weise habe ich geglaubt, über den rechtschaffenen aber seltsamen Mann gegen viele Verkleinerer und einige Schmäher ein kurzes und leichtes Wort der Erklärung und Berichtigung sprechen zu dürfen. Man kann nur auf wenige Gräber leuchtende Rosen und glänzende Lorbeerkränze streuen, aber der treuen, redlichen Tugend eines Mannes, wo sie ist und was sie ist, soll man doch ein bescheidenes grünes Kränzchen aufs Grab legen.

❖ ❖ ❖

Heinrich von Kleist

Steckbrief

- Geboren am 18. Oktober, nach eigenen Angaben am
  10. Oktober 1777 in Frankfurt/Oder, Freitod am
  21. November 1811 am Kleinen Wannsee bei Potsdam
- Preußischer Offizier, Dichter, Herausgeber und Publizist

Chronik

Das 18. Jahrhundert ist ein Jahrhundert des Umbruchs: Der überkommene Merkantilismus zerbricht an dem Aufbegehren der Unterdrückten, die Aufklärung erhebt ihre Schwingen über die verödeten Täler der Unmündigkeit, und der politische Feuergeist entfesselt schließlich die Furie der Französischen Revolution. Die Zeit der Schlösser und Residenzen ist vorüber, die Herrscherzepter schwanken, brechen, sinken. Das Bürgertum erhebt sich, in vielen Ländern Europas brüten unruhige Köpfe über Ideen, Modellen, Entwicklungen. James Watt gelingt die entscheidende Verbesserung der Dampfmaschinentechnik. Sie wird Ausgangspunkt für den Einzug der technischen Moderne, für die Industrielle Revolution.

Und in Preußen steigt und verglüht der Stern des großen Preußenkönigs Friedrich II. (1740–1786). Aber der preußische Feudalstaat kann sich nicht halten, er gleitet, unter Friedrich Wilhelm II., in allmählichen Niedergang. Ein neuer Protagonist nimmt indessen von der Weltgeschichtsbühne Besitz: Napoleon. Er wird zum großen Dämon der anbrechenden Epoche, zum Ausgangspunkt für die Umgestaltung Europas. Der korsische Komet durchstreift auch den Lebenshimmel Heinrich von Kleists. Der Dichter erklärt ihm mit zahllosen Werken erbitterte Gegnerschaft.

◆ Karl Bauer, Heinrich von Kleist

Leben

In Frankfurt an der Oder wächst Heinrich von Kleist heran, erhält dort zunächst Privatunterricht und geht dann nach Berlin, wo er 1792, nach alter Familientradition, in den preußischen Militärdienst tritt. So beteiligt er sich als Junker unter anderem am Rheinfeldzug 1796. Drei Jahre später quittiert er den Armeedienst und wendet sich philosophischen Studien in seiner Heimatstadt zu. Er trifft auf Wilhelmine von Zenge, mit der er sich verlobt. Die Verbindung nötigt ihn, eine sicherere Anstellung zu ergreifen, und er versucht, erneut in Berlin, in den preußischen Staatsdienst zu treten, jedoch ohne Erfolg. Es fehlt ihm an Ruhe und Beharrlichkeit. Ein unstetes Wanderleben beginnt. Er unternimmt längere Reisen nach Frankreich und auch in die Schweiz, wo er zunächst ein bäuerliches Leben zu führen gedenkt, bald jedoch erkennt, dass dieser Lebensentwurf scheitern muss. 1802 löst er sein Verlöbnis auf.

Er streift durch Deutschland als ein unruhiger Geist, getrieben von ersten großen dichterischen Plänen, hält sich in Jena, Weimar, Leipzig und schließlich auch Dresden auf. Er arbeitet an vielen Entwürfen, die jedoch noch nicht ganz zur Vollendung reifen. 1804 ersucht er erneut um Anstellung im Preußischen Staatsdienst. Das Glück begnadigt ihn dieses eine Mal und er wird nach Königsberg als Diätar bei der Domänenkammer versetzt. Jedoch hält er es nur zwei Jahre in diesem Verhältnis aus und kündigt den Dienst. Auf der Rückreise von Königsberg nach Dresden wird er von den Franzosen als Spion verdächtigt und zum Kriegsgefangenen erklärt. Er kommt für mehrere Monate in französische Festungshaft.

Nach der Freilassung kehrt er nach Dresden zurück, wo er 1808 mit Adam Müller das schöngeistige Journal *Der Phöbus* publiziert. Von 1810 bis 1811 folgt ein erneuter Berlinaufenthalt, wo er die *Abendblätter* herausgibt und redigiert. Er plant eine Zeitschrift namens *Germania*, die sich gegen die napoleonische Zwingherrschaft aufschwingen soll, doch er führt den Gedanken nicht aus, lernt Henriette Vogel kennen und findet in ihr eine Seelengefährtin der

Schwermut. Am 21. November 1811 nehmen sich beide gemeinsam am Kleinen Wannsee bei Potsdam das Leben.

Wirken

Kleists Wirken ist ein Doppeltes: Er wirkt einerseits durch die Kraft seiner gestalteten Charaktere, ihre tiefe Tragik, stille Größe und bezwingende Redegewalt. Es sind Typen, die mit feinen, scharfen, seelischen Werkzeugen aus den Zeiten herausgeschnitzt scheinen, aus dem Hartholz der Geschichte und ihrer verworrenen Geschehnisse.

Andererseits wirkt Kleist durch sich selbst, durch die eigene Persönlichkeit, die eigene stumme Tragik und Größe, die die gewittrige Fieberspur seines Lebens zeichnet. Alle seine Gestalten sind nur Verkleidungen, in die sich der Dichter hüllt, alle Figurenhandlungen nur Metaphern der eigenen Taten und Träume.

Kleist ist Michael Kohlhaas, der betrogene Pferdehändler, der um Gerechtigkeit Krieg gegen eine ganze Welt führt, Kleist ist Prinz Friedrich von Homburg, der Ewigträumende und Ewigversäumende, Kleist ist ebenso gut wie wahr der Dorfrichter Adam seines »zerbrochenen Kruges«, strauchelnd und fallend im Netz der eigenen Verstrickungen.

Kleist war romantisch und doch kein Romantiker, er war stürmend und doch kein Stürmer und Dränger, er hatte alle Klasse der deutschen Klassik und blieb dennoch unklassifizierbar. Er war, was alle wahren Dichtergenies sein müssen: ein unbegreifliches Original, ein Erster und zugleich ein Letzter, ein Geschoss, das beim Versuch gefasst zu werden, die Hand durchschlägt, die nach ihm greift, und noch im Kugelfang der verstörten, betörten Gedanken einen unverwischbaren Abdruck hinterlässt.

Die Quelle aber für diese hohe dichterische Spannkraft bei Kleist ist nichts weniger als Problematik, Konflikt und Reizbarkeit. Keines seiner Werke, wie keines seiner Lebensjahre, ist frei von Dunkel, Kampf und Zweifel. Und in den Nebeln der äußeren Ungewissheiten blitzt allein das Schwert der inneren Vorgänge auf, gibt der Mut zu

Menschenwitz und das Abenteuer des großen, mächtigen Träumens den Weg frei. Mehr hat Kleist nicht. Mehr brauchte er auch nicht, um sich in das Stammbuch der unvergesslichen Dichter eintragen zu lassen: Eine Handvoll Leben mit einem Übermaß an Schmerz, Schwermut und Bedrängnis. Originelle Kraft der Darstellung verbindet sich bei ihm mit einer nahezu gewagten Stoffauswahl. Von der Antike über die fernsten Kapitel deutscher Vergangenheit, bis hin zu den jüngsten Zeitereignissen lässt Kleist seine Handlungsträger dem Schicksal entgegen treten, immer mit erhobenem Haupte und dem Rücken voller Feinde, das Herz aber bis an den Rand gefüllt mit Wille und Gefühl.

Zeugnis

Gerade auf diesem Lebenswege, wo du alles fahren lässt, was doch sonst die Menschen reizt, Ehre, Reichtum, Wohlleben, gerade auf diesem Wege wirst du um so gewisser etwas anderes finden, das doch mehr wert ist als das alles – Liebe. Denn wo es sonst noch andere Genüsse gibt, da teilt sich das Herz, aber wo es nichts gibt als Liebe, da öffnet sich ihr das ganze Wesen, da umfasst es ihr ganzes Glück, da werden alle ihre unendlichen Genüsse erschöpft.

◆ Gegen Napoleon Bonaparte (Bild) wendet Kleist seine ganze literarische Gewalt. Eindrucksvolles Zeugnis dafür ist seine *Hermannsschlacht,*
deren aktueller Bezug kaum deutlicher ausfallen konnte. »Für sein bestes
Werk halt ich die am wenigsten besprochene Hermannsschlacht. Es hat
zugleich historischen Wert; treffender kann der hündische Rheinbunds-
geist, wie er damals herrschte, gar nicht geschildert werden«, schrieb der
Historiker Friedrich Christoph Dahlmann. (Zeichnung von Karl Bauer)

Legende

(Detlev von Liliencron: *An Heinrich von Kleist*)

Du Herrlicher!
Nur einen Sommertag,
nur einen hellen Sommertag hindurch
verlasse deines Himmels goldnen Saal,
und weil' als hoher Gast in unsrer Mitte.
Mit Rosen wollen wir und Zimbelschlag,
mit Tanz und Liedern wollen wir dich feiern
an solchem Sommertag, weißt du, an solchem,
wenn schon wir durch die Morgenträume hören,
wie draußen jedermann den andern ruft:
»Schön Wetter heut.«

Ein Nachtgewitter hat
das Pflaster und die Gärten abgestaubt;
der Schmetterling umspielt den Lindenzweig,
und glühend trifft der Sonnenkuss die Blumen.
In frohem Schwung erbeben Herz und Seele;
das ganze Leben scheint in Fröhlichkeit,
in Lust und Licht, Gelächter hinzutändeln.
An solchem Sommertage schwebe nieder.
Des Reiches Schimpf und Schand' sind längst getilgt;
die Hohenzollern, unsre Könige, halten
das Kaiserzepter in der starken Hand,
und über ihrem Throne flammt ein Stern,
der seinen Glanz der weiten Erde wirft.
Den großen Kanzler zeig' ich dir: Tritt wo
sein Fuß, das ist ein Gruß: es schallt die Welt.

Das dichteste Gedränge, Kopf an Kopf,
verengt den Weg, auf dem wir dich erwarten.
Wir alle wollen jenen Dichter schauen,
der Unvergängliches erschaffen hat.
An Fenstern, Söllern, prunkt der Teppichschmuck.
Gewinde, Masten, Wimpel, Ehrenbogen,
allüberall durch alle Straßen fort,
sind deines Ruhmes der Willkommengruß.
Ich schwenke vor dir her das Siegesbanner.
Die Hälse recken sich: »Er ist's, er ist's!«
Und wo du schreitest, schwirren Lorbeerkränze.

In deinen Wolken zögerst du? … Wie … Lieber …
Die Hände hast du um die Stirn geschlagen,
die einst die kleine graue Kugel traf.
Und nun … die Rechte nimmst du weg vom Haupt
und zeigst, abwehrend, ihre Innenfläche
und wendest langsam dich von uns …

Was soll's? …
Ah, nun erkenn' ich deine Schmerzgebärde:
Du möchtest nicht zum zweiten Mal verhungern
in deinem Vaterlande.

❖❖❖

Theodor Körner

Steckbrief

- Geboren am 23. September 1791 in Dresden, gefallen am 26. August 1813 bei Gadebusch in Mecklenburg
- Dichter, Lützower Jäger und Freiheitsheld

Chronik

Noch bevor Preußens König Friedrich Wilhelm III. am 17. März 1813 in Breslau mit den Worten »An mein Volk« zum ersten Mal in der Geschichte Preußens die Einheit von Krone, Staat und Nation beschwor, um die schwer drückenden Ketten Napoleons endlich abzuschütteln zum »ehrenvollen Frieden oder ruhmvollen Untergang«, hatte Adolf Freiherr von Lützow die Erlaubnis erhalten, eine Freiwilligenformation gegen die Franzosen zu rekrutieren und zu führen. Die »Schwarze Schar« der Lützower Jäger griff in das Geschehen ein, aber nicht mit einem Heckenschützenkrieg und nicht mit dem Fanatismus, den die Guerillakämpfer in Spanien Napoleon entgegensetzten.

Der militärische Erfolg der Lützower mit 2 900 Infanteristen, 600 Kavalleristen, 120 Artilleristen mag im Verhältnis gering ausfallen, stellte der Historiker Heinrich von Treitschke seinerzeit fest. Wie viel größer aber war der Mythos, der das Freikorps umgab! Etwas ungeheuer Wildes, Verwegenes ist mit ihm im Bunde. Kein Wunder also, dass Napoleon 1815, als er dem Führer der Schar gegenübersteht, nicht zurückhält, seine Einschätzung auszurufen: »Ah voici, le chef des brigands!« – Sieh an, der Räuberhauptmann!

Die schwarzen Uniformen, die tollkühnen Unternehmungen, die Position abseits der konventionellen Verbände, die Zahl der Frei-

❖ Karl Bauer, Theodor Körner

willigen aus allen deutschen Ländern (auch aus Rheinbundstaaten) – die Lützower standen für den unbedingten Freiheitswillen eines Volkes! Treffliche Männer wie Friesen, Jahn, Eichendorff reihten sich ein. Eleonore Prochaska kämpfte als »August Renz« und Anna Lühring als »Eduard Kruse« verkleidet mit.

Besonders einer der Jäger aber wurde zur Identifikationsfigur des deutschen Befreiungskampfes und blieb es für alle folgenden Generationen: der junge Held mit »Leyer und Schwerdt«, Theodor Körner.

Leben

Niemand geringerer als Schiller, das ewige Idol der Jugend, der Feuerkopf und Freiheitsbeschwörer, ist der große Gevatter von Theodor Körner. Sein Vater Christian Gottfried hatte sich früh des aus Württemberg geflüchteten Dichters angenommen, wirkte für ihn als Mäzen und Freund. Auf die Zeit im Hause Körners verfasste Schiller seine *Ode an die Freude*.

Die Herzogin von Kurland ist Theodors Patin, später wird ihm Wilhelm von Humboldt ein väterlicher Freund. Goethe und Kleist pflegen Umgang mit Körners, auch die Brüder Schlegel und Novalis sind gern gesehene Gäste. Ein äußerst musisches und freigeistiges Umfeld ist es, in dem Theodor aufwächst. Seine Mutter und seine Schwester Emma sind begabte Zeichnerinnen, und auch er zeigt darin Talent. Vom Vater hat er die schöne Stimme und das Gefühl für Melodie und Rhythmus. Für seine schulische Bildung sorgt ab dem elften Lebensjahr ein Hauslehrer, später studiert er an der Bergakademie Freiberg und schreibt sich an der Universität Leipzig ein, wegen eines Duells muss er aber nach Berlin wechseln. Hier lernt der Heißsporn Jahn und Friesen kennen.

1810 erscheint Theodor Körners erster Gedichtband mit dem Titel *Knospen*. Ein Jahr später ist er Dichter in Wien und wird bald als Poet des Hoftheaters umschwärmt und umjubelt. Doch das alles gilt dem 22-Jährigen nichts mehr, als er aus Breslau den Ruf des preußischen Königs zu den Waffen vernimmt. Das Theaterfeuer tauscht er gegen den Pulverdampf der Schlachten. Auch seine Verlobte, die Schauspielerin Antonie Adamberger, lässt er zurück. Körner meldet sich zu den Lützowern.

Wirken

Mit Lützows »Schar der Rache« zieht Körner in den nächsten Monaten umher, meist im Rücken des Feindes. Ein berühmtes Bild des romantischen Malers Kersting zeigt ihn in der schwarz-rot-goldenen Uniform neben Friedrich Friesen und dem Jurastudenten Heinrich Hartmann auf Vorposten. Richard Knötel malt ihn ein halbes Jahrhundert danach, wie er vor den Lützower Kameraden deklamiert. Denn schon beim Eintritt in das Freikorps ist Körner ein bekannter Dichter gewesen, seine Wiener Dramen *Zriny* und *Joseph Heyederich* haben bereits der heiligen Idee der Freiheit das Wort geredet, Hymnen hat er auf Andreas Hofer und Preußens große Königin Luise gesungen. Natürlich stellt er jetzt seine Begabung in den Dienst der Bewegung. Er ruft: »Frisch auf, mein Volk« und »Der Sturm bricht los!«

Im Gefecht bei Kitzen, südwestlich von Leipzig, am 17. Juni 1813 stehen achthundert Lützower einem fast doppelt so starken Französenheer gegenüber. Das Freikorps unterliegt und wird fast völlig aufgerieben, ein heftiger Schlag gegen den Verband. Körner wird von drei Säbelhieben schwer verwundet, kann sich aber mit letzter Kraft vor der Gefangenschaft retten. Er fasst es in Worte: »Die Wunde brennt, die bleichen Lippen beben, / Ich fühl's an meines Herzens mattem Schlage, / Ich stehe an den Marken meiner Tage! / Gott, wie Du willst! Dir hab ich mich ergeben.« Doch kaum ist er wieder genesen, eilt er zurück zu den verbleibenden Kameraden und stürzt sich mit jungem Todesmut weiter in den Kampf.

Das Glück aber ist dem Dichter am 26. August 1813 nicht mehr hold wie noch bei Kitzen, das Schicksal, das die Rebellen zu sehr liebt, erfüllt sich auf der Straße zwischen Gadebusch und Schwerin. Lützow und seine Männer, darunter Körner als sein Adjutant, treffen auf den Feind. Es kommt zum harten Gefecht, Mann gegen Mann. Körner jagt einem fliehenden Franzosen hinterher, obwohl Lützow zum Rückzug blasen lässt. Da trifft ihn unterhalb des Herzens eine Kugel. Seine letzten Worte: »Da hab ich eins weg, es schadet aber nicht.« Wieso muss es immer die Jugend sein, die in solchem Kampf die herrlichsten Opfer bringt? Gott, wie du willst …

Ernst Moritz Arndt ist es, der Körners Wirken in schlichten Worten und mit dem Beispiel des großen Sängers aus Sparta der Nachwelt begreiflich machte: »In diesem Jüngling schlug das Herz der Zeit am reinsten. Er wurde durch seine begeisterte und begeisternden Kriegsgesänge der Tyrtäus des großen Kampfes.«

Zeugnis
(Brief an den Vater über den Entschluss, Soldat zu werden,
Wien am 10. März 1813)

Liebster Vater,
Ich schreibe Dir diesmal in einer Angelegenheit, die, wie ich das feste Vertrauen zu dir habe, Dich weder befremden noch erschrecken wird …

Deutschland steht auf; der preußische Adler erweckt in allen treuen Herzen durch seine kühnen Flügelschläge die große Hoffnung einer deutschen, wenigstens norddeutschen Freiheit. Meine Kunst seufzt nach ihrem Vaterlande, – lass mich ihr würdiger Jünger sein!

Ja, liebster Vater, ich will Soldat werden, will das hier gewonnene glückliche und sorgenfreie Leben mit Freuden hinwerfen, um, sei's auch mit meinem Blute, mir ein Vaterland zu erkämpfen. Nenn's nicht Übermut, Leichtsinn, Wildheit! Vor zwei Jahren hätte ich es so nennen lassen, jetzt, da ich weiß, welche Seligkeit in diesem Leben reifen kann, jetzt, da alle Sterne meines Glücks in schöner Milde auf mich niederleuchten, jetzt ist es bei Gott ein würdi-

◈ Karl Bauer, Theodor Körner
für *Jugend* 34/1913

ges Gefühl, das mich treibt, jetzt ist es die mächtige Überzeugung, dass kein Opfer zu groß sei für das höchste menschliche Gut, für seines Volkes Freiheit.

Vielleicht sagt Dein bestochenes väterliches Herz: Theodor ist zu größeren Zwecken da, er hätte auf einem andern Felde Wichtigeres und Bedeutendes leisten können, er ist der Menschheit noch ein großes Pfund zu berechnen schuldig. Aber, Vater, meine Meinung ist die: zum Opfertode für die Freiheit und für die Ehre seiner Nation ist keiner zu gut, wohl aber sind viele zu schlecht dazu! Hat mir Gott wirklich etwas mehr als gewöhnlichen Geist eingehaucht, der unter Deiner Pflege denken lernte, wo ist der Augenblick, wo ich ihn mehr geltend machen kann?

Eine große Zeit will große Herzen, und fühl' ich die Kraft in mir, eine Klippe sein zu können in dieser Völkerbrandung, ich muss hinaus und dem Wogensturm die mutige Brust entgegendrücken. Soll ich in feiger Begeisterung meinen siegenden Brüdern meinen Jubel nachleiern? Soll ich Komödien schreiben auf dem Spotttheater, wenn ich den Mut und die Kraft mir zutraue, auf dem Theater des Ernstes mitzusprechen? Ich weiß, Du wirst manche Unruhe erleiden müssen, die Mutter wird weinen! Gott tröste sie! ich kann's Euch nicht ersparen. Des Glückes Schoßkind rühmt' ich mich bis jetzt, es wird mich jetzo nicht verlassen.

Dass ich mein Leben wage, das gilt nicht viel – dass aber dies Leben mit allen Blütenkränzen der Liebe, der Freundschaft, der Freude geschmückt ist, und dass ich es doch wage, dass ich die süße Empfindung hinwerfe, die mir in der Überzeugung lebte, Euch keine Unruhe, keine Angst zu bereiten, das ist ein Opfer, dem nur ein solcher Preis entgegengestellt werden darf.

Sonnabend oder Montag reise ich von hier ab, wahrscheinlich in freundlicher Gesellschaft, vielleicht schickt mich auch Humboldt als Kurier. In Breslau als dem Sammelplatz treffe ich zu den freien Söhnen Preußens, die in schöner Begeisterung sich zu den Fahnen des Königs gesammelt haben.

Legende

(Emanuel Geibel: *Theodor Körner*)

Als wider Frankreichs räuberischen Geier
Das Weidwerk anhub durch die deutschen Lande,
Da schoss, die Seelen zu geweihtem Brande
Entzündend, Blitz auf Blitz aus deiner Leier.

Zum Schwerte stürmtest du in zorn'ger Feier
Dein Volk empor aus tatenloser Schande,
Und selbst voran im schwarzen Jagdgewande
Die Eisenbraut erkorst du dir als Freier.

So sangst und rangst du, unsre Not zu sühnen,
Und wardst in beidem gleich getreu erfunden,
Dein Lied besiegelnd durch den Tod der Kühnen.

Drum, wenn manch edler Kranz im Flug der Stunden
Dahinwelkt, wird noch frisch der deine grünen,
Betaut mit Opferblut aus heil'gen Wunden.

❖ ❖ ❖

Alfred Krupp

Steckbrief

- Geboren am 26. April 1812 in Essen, gestorben am 14. Juli 1887 ebenda
- Erfinder, Industrieller

Chronik

Was Max Barthel Mitte der 20er Jahre im Ruhrgebiet gesehen und in seinem Buch *Deutschland – Lichtbilder und Schattenrisse einer Reise* festgehalten hat, gehört seit Jahren der Vergangenheit an. Die letzte Zeche in Bochum schloss 1973, in Essen 1986 und in Dortmund 1987. Schon lange gehört nicht mehr zum temporeichen, beinahe atemlos zu nennenden Bild, was Barthel als einer der bekanntesten deutschen Arbeiterdichter in seinem Buch beschrieb: »Die Feuer der Hochöfen brennen im Ruhrgebiet Tag und Nacht. Die Flammen des Tages sind unsichtbar, aber wenn der Abend kommt und die Nacht hinter sich herschleift, springen sie heiß und züngelnd empor. Eine Nachtfahrt von Hamm nach Essen und Duisburg ist eine Fahrt an den Flammenrändern der Schwerindustrie entlang, an den langen Reihen der Martinsöfen, an den leuchtenden Hallen der Walzwerke, an den runden hohen Säulen der Hochöfen. Auch über die schwarzen steilen Gerüste der Förderanlagen zucken die Lichtspritzer. Die vielen Städte mit ihren Lampen und Signalen verblassen vor der roten Front der Hütten und Werke.«

Das ganze Ruhrgebiet schien dem Dichter wie eine einzige Riesenstadt mit vielen Millionen Menschen, denen die rasende Entwicklung der Industrie noch keine schöne Wohnkultur zugestanden hat. »Nur die schüchternen Ansätze sind da: die Grünstreifen

◆ Karl Bauer, Alfred Krupp

erster Parks und Spielwiesen, die kühle und schöne Gestalt neuer Bahnhöfe, die klassischen Würfel einiger Turmbauten, das Massiv neuer Warenhäuser und Verwaltungsgebäude. Die ersten Linien einer Schönheit werden sichtbar, die sich in der Bewegung der Arbeit und im Tempo der Anstrengung schon ausgebildet hat.«

Rund zweihundert Jahre bevor Barthel durch das Ruhrgebiet reiste, waren in der Gegend von Essen die ersten Eisenhütten entstanden, doch erst mit dem Beginn des 19. Jahrhunderts trat die Schwerindustrie ihren Siegeszug an, der untrennbar verbunden ist mit dem Namen Krupp. Und den Weg bereitete auch Napoleon. Als der nämlich 1811 die Kontinentalsperre gegen Großbritannien verhängt, kann kein Gussstahl von der Insel mehr nach Europa geliefert werden. Die Tür öffnet sich für Friedrich Krupp, Sohn aus einer Kaufmannsfamilie, der 1812 mit zwei Teilhabern eine Stahlfabrik gründet.

Leben

Im selben Jahr wird Friedrich Krupps Sohn Alfred geboren, dem schon im Alter von 14 Jahren die schwere Aufgabe zufällt, gemeinsam mit seiner Mutter die Fabrik des 1826 verstorbenen Vaters weiterzuführen. Er erbt Schulden in Höhe von 10 000 Talern und sieben Angestellte, fünf für den Schmelzbau, zwei in der Schmiede. Der Junge bricht die Schule ab. Offiziell gehört seiner Mutter das Unternehmen, aber schon jetzt will er alle Fäden in der Hand halten und die Geschicke selbst lenken. Er krempelt die Ärmel hoch, er packt an. Er hat noch den Traum, den Kerngedanken des Vaters im Ohr: Den weltbesten Gussstahl herstellen! Der Vater hat ihn oft zusehen lassen bei seinen Experimenten, zuletzt hat er getüftelt an einem Preisausschreiben des »Vereins zur Förderung des Gewerbefleißes«. Alfred kennt die Geheimnisse des Stahls und was er dem Material abverlangen kann.

Kaum einer weiß, wie er es schafft, aber er rettet die Firma mit der Produktion von Werkzeugstahl, Feilen, Gerbergeräten, Münzstempeln und Walzen ins Jahr 1830, das für Krupp die große Wende bedeuten sollte. Tagsüber steht er am Amboss oder am Ofen, nachts brütet er über Zahlen und Kalkulationen. Sein unermüdlicher Fleiß und sein großer Wille zur Anstrengung haben sich für ihn, seine Familie und die (noch) wenigen Mitarbeiter bezahlt gemacht. Seine Brüder und seine Schwester sind ebenfalls im Betrieb beschäftigt. Kurz vor seinem Tod erinnert sich Krupp an diese schwere Anfangszeit: »Von meinem vierzehnten Lebensjahre an hatte ich die Sorgen eines Familienvaters und die Arbeit bei Tage, des Nachts Grübeln, wie die Schwierigkeiten zu überwinden wären. Bei schwerer Arbeit, oft Nächte hindurch, lebte ich oft bloß von Kartoffeln, Kaffee, Butter und Brot, ohne Fleisch, mit dem Ernst eines bedrängten Familienvaters, und 25 Jahre habe ich ausgeharrt, bis ich endlich bei allmählich steigender Besserung der Verhältnisse eine leidliche Existenz errang.«

1851 wird er auf der Weltausstellung in London mit dem ersten Preis, der Council-Medaille, ausgezeichnet. 1854 heiratet er die 20 Jahre jüngere Kölner Beamtentochter Bertha Eichhoff. Der einzige Sohn wird im folgenden Jahr geboren.

Die Firma füllt Krupps ganzes Leben, sie *ist* sein Leben. In seiner wenigen Freizeit schreibt er Briefe, viele Briefe. Er geht gerne ins Theater und liebt Musik. Später zog er sich so oft es ging in sein Domizil, die »Villa Hügel«, zurück. Wenn politische Vereine oder Verbänden ihn für sich gewinnen wollen, reagiert Krupp abweisend. Auch die Erhebung in den Adelsstand lehnt er ab. Sowohl seine Zeitgenossen als auch die späteren Generationen erfahren wenig über den Privatmann Krupp, der vollkommen hinter seinem Auftreten als Industriebaron zurücksteht. »Sein Lebenswerk wurde, sofern es überhaupt in den Archiven verblieb, gewissermaßen entpersönlicht, objektiviert, in eine überindividuelle Firmengeschichte eingeschmolzen«, stellt der Historiker Lothar Gall fest.

Wirken

Wie gesagt: 1830 ist ein Umschwungjahr für Krupp. Die ersten Eisenbahnen jagen in damals atemberaubender Geschwindigkeit von 30 Kilometern in der Stunde durch Deutschland. Und Krupp hat genau das, was die Stahlrösser für ihre Weiterentwicklung brauchen: Walzen aus Gussstahl. Die Eisenbahn, begünstigt in ihrem Fortgang durch den deutschen Zollverein 1834, ist es auch, die ihm zum endgültigen Durchbruch verhilft: Krupp erfindet 1852 den nahtlosen und damit bruchsicheren Radreifen. Sogar in Amerika werden die neuen Räder für die Züge genutzt. Es ist also keineswegs die Rüstungsindustrie, die den »Kanonenkönig« zu dem machte, was er war. Drei nahtlose Eisenbahn-Reifen sind ab 1875 schließlich das Wahrzeichen der Firma.

Natürlich dankt es Krupp auch der Waffenproduktion, dass seine Firma zum größten Industrieunternehmen Europas werden kann. Sogar die türkische Armee lässt sich mit seinen Kanonen ausstatten. Auch dank Krupp gewinnt Deutschland den Krieg von 1870/71.

Alfred Krupp aber sollte nicht vor dem Gedächtnis der Geschichte als Kriegsgünstling verschrien sein. Weil er das nicht war. Kröners *Lexikon der deutschen Geschichte:* »1847 wurde von Krupp die erste Gussstahlkanone hergestellt. In der Folge wurde Krupp insbesondere durch die Herstellung von Geschützen bekannt, jedoch lag der Produktionsschwerpunkt in anderen Bereichen. Die in Krupps Werken geschaffenen sozialen Einrichtungen galten weithin als vorbildlich.« Neben seinen Erfindungen bleibt seine größte Leistung die Fürsorge für seine Mitarbeiter. Denn aus dem Fähnlein der letzten Sieben 1826 waren am Ende seines Lebens mehr als 20 000 Angestellte geworden. Der politischen Sozialdemokratie stand er mit starken Vorbehalten gegenüber.

Zeugnis

(Aus Krupps Ansprache an seine Angestellten, 11. Februar 1877,
um sie über seine Meinung von den Sozialdemokraten
in Kenntnis zu setzen)

Es ist bekannt und braucht nicht wiederholt zu werden, dass im Jahre 1826 die verfallene Gussstahlfabrik ohne Vermögen mir zur Führung anvertraut wurde. Mit wenigen Leuten fing ich an, sie verdienten mehr und lebten besser als ich; so ging es fast fünfundzwanzig Jahre fort mit Sorgen und mühevoller Arbeit, und als ich dann eine größere Zahl von Leuten beschäftigte, war dennoch mein Vermögen geringer, als was heute mancher Arbeiter der Gussstahlfabrik besitzt. Es waren sehr brave Leute, mit denen ich die Arbeiten begonnen und durchgeführt habe, und ich danke ihnen allen, den meisten bereits verewigten, auch nachträglich für ihre Treue. Jene aber, die ich von der Herde, vom Pflug als arbeitslose Handwerker oder als Kinder von Witwen angenommen habe, traten gern bei mir ein, weil sie ihr Los verbesserten, und sie haben in den meisten Fällen auch dafür ihren Dank gern ausgedrückt. Mancher von ihnen ist ein wohlhabender Mann geworden. Es ist niemandem jemals eingefallen, nach Empfang des vereinbarten Lohnes noch einen Anspruch zu haben an den Gewinn.

Ich habe den Mut gehabt, für die Verbesserung der Lage der Arbeiter Wohnungen zu bauen, worin bereits 20 000 Seelen untergebracht sind, ihnen Schulen zu gründen und Einrichtungen zu treffen zur billigen Beschaffung von allem Bedarf.

Genießet, was Euch beschieden ist. Nach getaner Arbeit verbleibt im Kreise der Eurigen, bei den Eltern, bei der Frau und den Kindern und sinnt über Haushalt und Erziehung. Das sei Eure Politik, dabei werdet Ihr frohe Stunden erleben. Aber für die große Landespolitik erspart Euch die Aufregung.

Legende

*(Aus: Hinter Kerkermauern. Anonyme Autobiographien
und Selbstbekenntnisse, Aufsätze und Gedichte
von Verbrechern, 1930)*

»Ich verbüßte also meine Strafe, nachdem ich zuerst sechs Wochen lang mit Betrügern, Sittlichkeitsverbrechern und Einbrechern in Gemeinschaftshaft verbracht hatte, in der Strafanstalt Hameln in Einzelhaft. Die Einsamkeit tat mir wohl, denn war ich auch selbst ein Entgleister, so hatte mich doch der moralische Schmutz, den ich in der Untersuchungshaft vorgefunden hatte, angeekelt. Hier in der Einsamkeit, hier söhnte ich mich aus mit meinem Gott, hier lernte ich wieder beten und froh in die Zukunft schauen.

Oft dachte ich an meinen Lehrherrn, der mir vor Jahren beim Abschied die Hand gereicht und gesagt hatte: ›Bete und arbeite! lass Deine Devise sein, und es wird Dir immer gut gehen.‹ Aber erst in der Einsamkeit der Gefängniszelle lernte ich den inneren Zusammenhang kennen zwischen Arbeit und Gebet; hier erst lernte ich begreifen, dass ohne Arbeit kein richtiges Gebet und ohne Gebet keine richtige Arbeit möglich ist. Luther sagte einmal: Fleißig gebetet, ist halb studiert. Aber auch das Umgekehrte ist richtig; denn der Zweck der Arbeit soll das Gemeinwohl sein, dann bringt Arbeit Segen, dann ist Arbeit Gebet, sagte einst Alfred Krupp.«

(»Genosse Krupp« aus: *Jugend* Nr. 40/1907)

Um den Genossen in Essen eine Freude zu machen, setzte Bebel zu Beginn des Parteitages dem alten Krupp eine Ballonmütze auf. Dieser soll nach Bebels Enthüllung nämlich einmal erklärt haben: »dass die Sozialdemokratie im Grunde genommen vollkommen recht habe«. Wie wir nun weiter verraten können, ist der Kanonenkönig nur deshalb nicht als »Roter« aufgetreten, weil er seiner Meinung nach zu wenig Moneten hatte, um mit Paul Singer und August Bebel konkurrieren zu können.

❖ Karl Bauer, Luise von Preußen

Luise von Preußen

Steckbrief

- Geboren am 10. November 1776 in Hannover als Prinzessin zu Mecklenburg-Strelitz, gestorben am 19. Juli 1810 auf Schloss Hohenzieritz
- Königin von Preußin, Gemahlin Friedrich Wilhelms III.

Chronik

König Friedrich Wilhelm II. von Preußen hinterlässt bei seinem Tod 1797 seinem Sohn und Thronfolger Friedrich Wilhelm III. ein schweres Erbe: Das Land ist tief verschuldet, der Hof ist dem Volk durch seine Verschwendungssucht fremd geworden, überall in Europa sind noch die Nachwehen der Französischen Revolution zu spüren, das Deutsche Reich, dessen Kurfürst und Erzkämmerer der Preußenkönig ist, steht längst nicht mehr in Pracht und Herrlichkeit. Seit dem Basler Frieden von 1795, der den ersten Koalitionskrieg beendete, ist Preußen neutral und tritt auch 1798 nicht dem Bündnis aus Österreich, Russland und Großbritannien bei. In diesem zweiten Koalitionskrieg zeichnete sich ein französischer General aus, der bald das Schicksal des ganzen Kontinents prägen sollte: Napoleon.

Im Dezember 1805 reist Preußens Minister Haugwitz nach Frankreich, um einen Frieden auszuhandeln oder – sollte Napoleon ablehnen – den Krieg zu erklären. Der gewiefte Talleyrand aber dreht und deutet so lange, bis Haugwitz mit einem preußisch-französischen Schutz- und Trutzbündnis und dem Austausch Hannovers nach Hause kommt. Trotzdem stehen überall an Preußens Grenzen französische Truppen. Napoleon überlässt Hannover den Engländern und ist zum Marsch auf Berlin bereit. Am 9. August 1806 gibt

Friedrich Wilhelm III. nach Absprache mit Haugwitz den Befehl zur Mobilmachung. Am 17. September ist der Krieg beschlossen.

Schwere Zeiten kommen auf Preußen zu, das in seiner Königin Luise eine einzigartige Herrscherin an seiner Spitze weiß.

Leben

Luises Leben war mehr Leid als Freude, mehr Kummer als Licht. Doch davon ahnt niemand etwas, der die junge Prinzessin unbeschwert in der Idylle ihrer Heimat aufwachsen sieht. Mit sechs Jahren dann der erste Schicksalsschlag: Ihre Mutter stirbt 29-jährig nach der Geburt ihres zehnten Kindes (fünf von ihnen starben früh). Luises Stiefmutter wird ihre Tante, doch auch sie überlebt das Kindbett nicht. Der Vater, nunmehr zweifacher Witwer, behält seine drei Söhne bei sich, die drei Töchter Luise, Friederike und Therese schickt er zur Großmutter nach Darmstadt. Luise erhält hier die Freiheiten, die ihrem fröhlichen Naturell entsprechen. Bald kennt sie der ganze Hof nur als »Jungfer Husch« und »unsre tolle Luise«. In Frankfurt zeigt sich auch Goethes Mutter ganz entzückt von ihr. Nach einem Besuch der beiden Prinzessinnen schreibt sie: »Das Zusammentreffen mit der Prinzessin von Mecklenburg hat mich außerordentlich gefreut ... Von einer steifen Hofetikette waren sie da in voller Freiheit – tanzend – sangen und sprangen den ganzen Tag.«

Und Luise wird immer hübscher. Wer ihr auch begegnet, ist angetan von ihrer Ausstrahlung und Anmut. So geht es auch dem Kronprinzen von Preußen. Der 22-jährige Friedrich Wilhelm trifft seine zukünftige Frau das erste Mal am 14. März 1793. Fünf Tage später hält er um ihre Hand an und am Weihnachtsabend desselben Jahres werden sie im Weißen Saal des Berliner Schlosses getraut. Nun beginnt die schönste Zeit in Luises Leben. Die Liebe zu Friedrich Wilhelm lässt die unkonventionelle Prinzessin die Schikanen der höfischen Etikette leicht ertragen. Wann immer es geht, ziehen die beiden sich zurück. Sie duzen sich – ungewöhnlich für diese Zeit und ihren Stand – und sprechen, ganz bürgerlich, von einander als »mein Mann« und »meine Frau«. Vollkommen unspektakulär wohnen sie die meiste Zeit in einem schlichten Herrenhaus, im Volksmund »Schloss-Still-im-Land« genannt, bei Potsdam. Zehn Kinder schenkt Luise ihrem König, darunter Charlotte, die spätere Kaiserin von Russland, den nachmaligen König Friedrich Wilhelm IV. und auch Wilhelm I., der 1871 zum deutschen Kaiser wird.

17 Jahre hält die Ehe, bis dass der Tod sie scheidet. Mit nur 34 Jahren stirbt die schöne Königin an den Folgen einer schweren Lungenentzündung. Zu entbehrungsreich waren die Jahre gewesen. An der Schwelle zu einer kommenden, besseren Zeit, an der auch sie mitgewirkt hatte, wird sie aus dem Leben gerissen. Der traurige König verleiht ihr posthum das soeben geschaffene Eiserne Kreuz.

Wirken

1797 besteigt Friedrich Wilhelm III. den preußischen Thron. An seiner Seite die 20-jährige Luise. Das ganze deutsche Volk liegt der warmherzigen Königin zu Füßen. Ihrem Auftrag als Landesmutter wird sie voll und ganz gerecht.

Friedrich Wilhelm III. will die Neutralität wahren. Er verkennt die Gefahr, die von Napoleon ausgeht, und die Bestimmung, die Preußen im Befreiungskampf zu tragen hat. Der Basler Frieden lenkt seine Gedanken. Luise ist da anders, sie ahnt, dass Preußen nicht stark genug sein wird, sich gegen Napoleon zu wehren. Und allmählich wächst auch die tiefe Abneigung, die sie dem Usurpator gegenüber empfindet. Der Scheinprozess und die Erschießung des Herzogs von Enghien, des royalistischen Gegners Napoleons, 1804 tragen am Anfang zu ihrer Empörung bei. Sie drängt ihren Mann schon 1805, ein Bündnis mit Russland einzugehen, und hört auch nicht 1806, kurz vor dem Tiefpunkt, auf: »Wir sind eingeschlafen auf den Lorbeeren Friedrichs des Großen«, mahnt sie immer und immer wieder. Was Friedrich Wilhelm III. an Entschlossenheit und

◆ Neben Hardenberg, der auf Anraten Luises 1810 zum preußischen Staatskanzler ernannt wurde, waren Gneisenau (links), Scharnhorst (rechts) und Freiherr vom Stein (nächste Seite) die bestimmenden Männer der Reformen, die
unter anderem zur Heeresreform und Bauernbefreiung führten und als »Revolution von oben« in die Geschichte eingingen. (Zeichnungen von Karl Bauer)

Durchsetzungswillen fehlt, will die Königin mit ihrer temperament-
vollen Hellsichtigkeit wettmachen.

1806 unterliegen die Russen bei Austerlitz. Die Nachricht erschüttert Luise, doch mehr noch, dass Zar Alexander, den sie kennen und schätzen gelernt hatte, nach der Schlacht geflohen war. Napoleon, erkennt sie klarer denn je, ist eine Bedrohung für Europa,
Deutschland und Preußen. Luise richtet heftige Worte an ihren
Mann: »Das Ungeheuer schlagen, zu Boden schlagen ...!« Als Preußen und Frankreich wenig später im Krieg mit einander sind, begleitet Luise ihren Mann ins Feld, muss aber bald vor den feindlichen
Truppen nach Berlin fliehen.

Am Morgen des 14. Oktober 1806 hört sie in ihrer Kutsche aus der
Ferne den unheilvollen Kanonendonner der Schlacht von Jena. Kurz
vor Brandenburg erreicht sie die Unglücksnachricht. Preußen ist ge-

schlagen, alles vernichtet, Napoleon diktiert nun auch Preußens Geschick. In Berlin angekommen, begibt sie sich mit ihren Kindern auf die Flucht, die schließlich nach schrecklichen Strapazen im Winter in Memel endet. Luise ist todkrank, aber voll Lebenswillen. Im Frühjahr 1807 erholt sie sich langsam.

Am 6. Juli 1807 tritt sie in Tilsit Napoleon gegenüber, um günstige Friedensbedingungen auszuhandeln. Eine Stunde währt das Treffen – und bleibt ergebnislos. Napoleon befand danach: »Die Königin von Preußen ist eine reizende Frau. Ihre Seele entspricht ihrem Geist, und wahrhaftig, anstatt ihr eine Krone zu nehmen, möchte man versucht sein, ihr eine andere zu Füssen zu legen!« Doch der Frieden, den er Preußen diktiert, ist fürchterlich.

Erst 1809 kann Luise, vom Volk begeistert empfangen, nach Berlin zurückkehren. Sie nimmt Kontakt zu Hardenberg auf und setzt durch, dass das umsichtige und geistreiche Politikgenie Preußens Staatskanzler wird. Den Aufruf des Königs »An mein Volk«, die Befreiung des Vaterlandes, die endgültige Niederlage Napoleons erlebt Luise nicht mehr.

Zeugnis

Deutschland ist mir das Heiligste, das ich kenne. Deutschland ist meine Seele. Mein Halt. Mein Alles ist Deutschland. Es ist, was ich bin und haben muss, um glücklich zu sein. Das Schöne in den Augen der Kinder ist doch Deutschland, es ist die Treue, die Ehrlichkeit, der Fleiß der stillen Tat. Die Anständigkeit, der Ruhepunkt im ziellosen Herumsuchen. Deutschland ist das, was mich gut macht. Die alten, verträumten Schlösser, die lieben, windschiefen Häuser, die hochgiebeligen Städte, unser Hausrat, die Spinnwinkel, die moosigen, klappernden Mühlen, die Sägen, der Christbaum, der Pfefferkuchen, das Fest, der Winter da draußen, die Schlittenschellen, die segnend hereinklingen, dies alles ist Deutschland! Unsere Liebe ist deutsch, unser Zusammenhaltenmüssen, unser Aneinandergebundensein! Wenn Deutschland stirbt, dann sterbe auch ich.

Legende

(Heinrich von Kleist, *An die Königin Luise von Preußen*)

Du, die das Unglück mit der Grazie Schritten,
Auf jungen Schultern, herrlich jüngsthin trug:
Wie wunderbar ist meine Brust verwirrt,
In diesem Augenblick, da ich auf Knieen,
Um dich zu segnen, vor dir niedersinke.
Ich soll dir ungetrübte Tag' erflehn:
Dir, die der hohen Himmelssonne gleich,
In voller Pracht nur strahlt und Herrlichkeit,
Wenn sie durch finstre Wetterwolken bricht.

O du, die aus dem Kampf empörter Zeit,
Die einzge Siegerin, hervorgegangen:
Was für ein Wort, dein würdig, sag ich dir?
So zieht ein Cherub, mit gespreizten Flügeln,
Zur Nachtzeit durch die Luft, und, auf den Rücken
Geworfen, staunen ihn, von Glanz geblendet,
Der Welt betroffene Geschlechter an.

Wir alle mögen, Hoh' und Niedere,
Von den Ruinen unsers Glücks umgeben,
Gebeugt von Schmerz, die Himmlischen verklagen,
Doch du Erhabene, du darfst es nicht!
Denn eine Glorie, in jenen Nächten
Umglänzte deine Stirn, von der die Welt
Am lichten Tag der Freude nichts geahnt:

Wir sahn dich Anmut endlos niederregnen,
Dass du so groß als schön warst, war uns fremd!
Viel Blumen blühen in dem Schoß der Deinen
Noch deinem Gurt zum Strauß, und du bists wert,
Doch eine schönre Palm erringst du nicht!

Und würde dir, durch einen Schluss der Zeiten,
Die Krone auch der Welt: die goldenste,
Die dich zur Königin der Erde macht,
Hat still die Tugend schon dir aufgedrückt.
Sei Teure, lange noch des Landes Stolz,
Durch frohe Jahre, wie, durch frohe Jahre,
Du seine Lust und sein Entzücken warst!

❖ ❖ ❖

◈ Karl Bauer, Martin Luther

Martin Luther

Steckbrief

- Geboren am 10. November 1483
  in Eisleben, gestorben am 18. Februar 1546 ebenda
- Mönch, Theologe, Reformator, Sprachgestalter

Chronik

Das 16. Jahrhundert ist in Deutschland ein Jahrhundert des Aufbruchs. Die urdeutsche Wanderlust bricht sich Bahn, zuhauf ziehen Pilger, Händler, Krämer, fahrende Schüler, Landsknechte und Söldner durchs Land. Das Leben bekommt Struktur, Kaiser Friedrich III., des Reiches Erzschlafmütze, stirbt 1493 und zwei Jahre später findet unter seinem Sohn Maximilian der Wormser Reformreichstag statt. Der Landfriede, der die Fehde unter Strafe stellt, wird beschlossen, das Reichskammergericht begründet, die Reichskreise eingeführt, das Reichsregiment aufgestellt. Als das Reformjahrhundert beginnen kann, kennt schon die zweite Generation den Buchdruck. 1516 gründet Thurn und Taxis die Post – Schnittstelle zwischen Wandern und Schreiben. Gedichte, Kalender, Nachrichten, Bildgeschichten regen die grauen Zellen an. Die Zufälligkeit des mündlichen Berichts verliert seine Bedeutung. Es ist möglich, Gedanken und Strömungen der Masse in Bahnen zu lenken. Lesen müsste man können – und Latein. Die Scholaren bringen aus Italien den Humanismus mit, die Bildung nimmt einen gehörigen Aufschwung. Aber wieder bleibt eine Barriere: die Lehrsprache Latein. Logik und Grammatik sind noch Sieger über Klang und Gefühl. Martin Luther wird das ändern. Vorreiter der deutschen Sprache sind auch schon Paracelsus, Dürer und Adam Ries mit seinem Rechenbuch.

Peter Henlein erfindet in Nürnberg die Taschenuhr, wo schon Behaim den ersten Globus konstruiert hat.

Es sind aber andere Völker, die währenddessen die Erde erobern, Seefahrernationen, Weltmächte. Deutschland wandert und denkt nach.

Leben

Im Sommer 1505 wandert auch der Jurastudent Martin Luther von einem Besuch bei seinen Eltern zurück in die Universitätsstadt Erfurt, als er von einem Gewitter überrascht wird. In Todesangst verspricht er der heiligen Anna, Mönch zu werden, sollte sie ihn retten. Keine zwei Wochen später, am 17. Juli 1505, überschreitet Bruder Martinus die Schwelle des Augustinerklosters in Erfurt.

Er ist 22 Jahre alt und tief geprägt vom Riss, der sich gerade schmerzhaft langsam im deutschen Gemüt zwischen Mittelalter und Neuzeit vollzieht, im Ringen um Glaube und Gott: »Und sie hatten Ihn in sich erspart / und sie wollten, dass er sei und richte, / und sie hängten schließlich wie Gewichte / (zu verhindern seine Himmelfahrt) / an ihn ihrer großen Kathedralen / Last und Masse.« (Rilke, *Gott im Mittelalter*)

Luther peinigen der Gottesgedanke, die endlose Furcht und der schneidende Selbstzweifel mehr als andere. Als sich schon überall im Land Opposition bemerkbar macht gegen die starren Formen der Kirche und ihren Begriff von Gottes Gnade, pilgert er die Marmortreppen der ewigen Stadt entlang, die sieben Hügel und die sieben Kirchen Roms, überall betend, Gott möge ihn gerecht machen. Er findet nur Pomp und Popanzen. 1511 kehrt er ohne das Heil zurück, verbittert, von Herzen enttäuscht. Im Sommer wird er nach Wittenberg versetzt.

1513: Bücher türmen sich auf dem Tisch der kleinen Klosterzelle. Der Mönch sitzt davor und stiert hinein. »O, Maria, bitte für mich bei deinem Sohn und stille seinen Zorn«, hat er Jahre lang gebebt und gebetet. Dröhnende Worte »Ich bin der Herr, deine Angst!« führten ihn in Versuchung: »Ich wollte, es wäre kein Gott!« Ein quä-

❖ Ohne den Buchdruck, den Johannes Gutenberg ein halbes Jahrhundert vor Luther erfunden hatte, wäre die Reformation nicht möglich gewesen.
Der Historiker Professor Johannes Burkhardt weist aber darauf hin, dass auch der Buchdruck ohne die Flut der zu vervielfältigenden Schriften im Zuge der Reformation nicht so schnell zu so großer Bedeutung gelangt wäre.
(Zeichnung von Karl Bauer)

lender Gedanke über allem: Woher die Gnade empfangen? Draußen treibt der Apfelbaum erste Knospen. Da fällt sein Blick wieder auf das Buch, das vor ihm liegt. Der Römerbrief des Paulus und der eine Satz, als läse er ihn zum ersten Mal: »Der Gerechte wird aus dem Glauben leben.« Die Augen gehen ihm auf, Herz und Seele. Draußen ist es Frühling. Später schreibt Luther über diesen Augenblick, es sei ihm gewesen, als hätten sich die Pforten des Paradieses neu aufgetan. Das verschüttete Evangelium, er hat es gefunden: Deine Gnad' durch Christi Blut … Seht, welch ein neuer Mensch.

Wirken

»Wir, Leo der Zehnte, Römischer Papst, ein Knecht der Knechte, Christi Statthalter auf Erden, Petri und Pauli Nachfolger, haben dem Herrn Johann Tetzel, Bruder des Dominikanerordens, Ketzerrichter, apostolischem Kommissar und Prediger durch Deutschland, Vollmacht gegeben, reichen Ablass zu erteilen in der ganzen Welt. Herr Johann Tetzel kann lösen von allen Sünden …« – Sobald das Geld im Kasten klingt. Der Ablasshandel blüht. Bezahle, dir wird vergeben. »Wollte Gott, ich möchte lügen, wenn ich sage, dass der Ablass eher Zulass heißen sollte, nämlich eine Erlaubnis, ungestraft zu sündigen und sich vom Kreuze Christi loszumachen.« So wettert Luther. Am 31. Oktober 1517 schlägt er seine Wut an die Schlosskirche. 95 Thesen gegen Tetzel und Rom und die Kirche, wie sie ist. Ein einzelner Mönch lehnt sich auf.

Rom selbst recht nun den Zunder zusammen, der den Funken zur lodernden Flamme werden lässt: Kein Scheiterhaufen wird errichtet, kein Verbot erteilt, kein Bann ausgesprochen. Rom begeht einen großen Fehler: die folgenden drei Jahre kann Luther in Schriften, Diskussionen und Disputationen seine Gedanken in die Welt tragen. Er schreibt, er lässt drucken, er poltert, zürnt und lehrt.

Erst 1520 trifft ihn die Bannbulle. Luther ist mutig geworden, den Trotz trägt er ohnehin im Herzen. Ein Land, das nur darauf wartet, Ideen und Ideale zu verherrlichen, steht hinter ihm. Luther verbrennt das päpstliche Schriftstück. Auch vor Kaiser (mittlerweile Karl V., 21 Jahre jung) und Reich in Worms widerruft er nicht: »Hier stehe ich, ich kann nicht anders.« Jetzt ist er vogelfrei. Kurfürst Friedrich der Weise von Sachsen lässt ihn entführen und zum eigenen Schutz auf die Wartburg bringen. Hier vollbringt »Junker Jörg« seine Jahrhunderttat: Die Verdeutschung des Neuen Testaments. Er setzt nicht nur deutsche Wörter an die Stelle von den fremden, sondern schafft eine deutsche Bibel. »Der Engel sprach zu ihnen: ihr sollt euch nicht fürchten! Nehmt wahr, ich verkündige euch eine große Freude …« hieß es wörtlich, doch bei Luther: »Fürchtet euch nicht! Siehe, ich verkündige euch große Freude …« Rudolf Thiel, der 1871 bis 1874 als Nationalliberaler im Deutschen Reichstag saß, bringt Luthers Leistung auf den Punkt: »Vorhin fielen die Sätze auseinander, jetzt wogen sie wie eine Melodie. Vorhin schlug des Engels Wort roh und herrisch an die Ohren. Jetzt ganz schlicht und warm. Und wie lebendig wird die ›große Freude‹, bloß dadurch, dass der Artikel fehlt! Wie hebt sich jetzt so strahlend der Heiland aus dem rhythmischen Gewoge! … Vom Schrifttum unseres Volkes ist das meiste heute tot, vergessen, Bücherstaub geworden. Was blieb lebendig? Martin Luthers Kirchenlieder und Martin Luthers deutsche Bibel.«

Die Sprache hatte er dem Volk vom Maul abgeschaut. Und dorthin kehrten seine Worte wieder zurück, politisch, sozial geladen. Es ging um die »Freiheit eines Christenmenschen«, das Volk verstand um die »Aufhebung der Leibeigenschaft, Herabsetzung oder Ablösung der drückenden Abgaben und Frondienste, Gewährung des Fischerei- und Jagdrechtes und Rechtsprechung nach geschriebenem Recht«. Der Bauernkrieg flammt auf, doch die Revolution ist ihrer Zeit voraus. Luther verhindert einen blutigeren Bürgerkrieg. Er stellt sich auf die Seite von Autorität und Obrigkeit.

Fünf Jahre später, 1530, erkennt der Kaiser die *Confessio Augustana*, das protestantische Glaubensbekenntnis aus Melanchthons Feder, an. Luther kann am Reichstag nicht teilnehmen, er ist noch geächtet. Der Augsburger Religionsfrieden von 1555 garantiert den Reformierten schließlich freie Glaubensausübung. Da ist Luther schon neun Jahre tot. Wie viel Unvermögen hat er gesehen, der christliche Adel deutscher Nation hat versagt, die Geistlichkeit, die Bürger und Bauern auch. Bis zuletzt hat er gelehrt, gepredigt, gedichtet, gesungen, geträumt von seinem Ideal der »unsichtbaren Kirche« ernster Christen. Am 14. Februar 1546, vier Tage vor seinem Tod, schreibt er seinen letzten Brief an Käthe, seine geliebte Frau Katharina von Bora, unterzeichnet mit »Martin Luther, dein alt Liebchen«. Es ist der Sonntag seiner letzten Predigt.

Zeugnis

»Ich kann es ja nicht lassen, ich muss mich sorgen um das arme, elende, verlassene, verachtete, verratene und verkaufte Deutschland, dem ich ja kein Arges, sondern alles Gute gönne, als ich schuldig bin meinem lieben Vaterland.«

»Die Welt ist wie ein trunkner Bauer. Hebt man ihn auf einer Seite in den Sattel, so fällt er zur andern wieder herab. Man kann ihr nicht helfen, man stelle sich, wie man wolle, sie will des Teufels sein.«

»Eines guten Redners Amt oder Zeichen ist, dass er aufhöre, wenn man ihn am liebsten höret.«

»Friede gilt mehr denn alles Recht, und Friede ist nicht um des Rechtes willen, sondern Recht um des Friedens willen gemacht. Darum, wenn ja eines weichen muß, so soll das Recht dem Frieden und nicht der Friede dem Rechte weichen.«

»Jugend ist wie Most. Der lässt sich nicht halten. Er muss vergären und überlaufen.«

»Und wenn die Welt voll Teufel wär
und wollt uns gar verschlingen,
so fürchten wir uns nicht so sehr,
es soll uns doch gelingen.
Der Fürst dieser Welt,
wie sau'r er sich stellt,
tut er uns doch nicht;
das macht, er ist gericht':
ein Wörtlein kann ihn fällen.«

(aus: *Ein' feste Burg ist unser Gott*)

Legende

(aus Levin Schückings Roman: *Luther in Rom*)

Die Zeit unserer Erzählung ist das Jahr 1510. In diesem Jahre war Luther, der Apostel der freien Innerlichkeit, siebenundzwanzig Jahre alt, und eben so alt war Rafael, der Apostel der freien Schönheit. Sie sind in einem Jahre geboren. Und im Jahre 1510 sind sie einander in den Mauern der ewigen Stadt begegnet …

Alles was Luther erfahren und gesehen in dieser römischen Welt, in der er nun seit Wochen weilte und die ihm, je mehr er der fremden Sprache mächtig ward, desto erschreckender wurde, stand im ärgsten Widerspruch mit den mitgebrachten Vorstellungen.

Die Kirche, das hatte er gesehen, hatte tausend Schäden. Weltliche und rohe Menschen kleideten sich in Priesterröcke und trieben Handel und Wandel mit den Gnaden und Schätzen der Kirchen. Und die Menschen – sie fasteten, beteten Rosenkränze ab, zahlten Ablässe, Dispensen, Messen, beugten sich vor Pfaffen, die sie um ihres Wandels willen verachteten, kreuzigten ihren Mutterwitz und ihren Verstand, um an hundert abergläubische Dinge zu glauben – das alles, um alsdann in den Himmel aufgenommen zu werden. Man legte in eine Sparbüchse ein, um ein großes Kapital himmlischer Freuden zu erhalten.

So lauteten oft Bruder Martins grollende, zornige Gedanken, wenn er um sich blickte in der heiligen Stadt des Christentums. Für das sittenlose Pfaffentum, für die gedankenlose Götzendienerei, für den Schmutz, für das Hässliche, für die Verderbnis gab es einen Trost.

Aber wo war der Trost für das, was das Schöne, das sich frei wider sein Heiligtum erhob, in sein Gemüt geworfen? Als schlügen ihm die Dinge über dem Haupte zusammen, erfasste ihn eine tiefe Seelenangst. Erhob sich nicht eine neue Macht dräuend vor seinen Augen? Konnte nicht die Kirche der Zukunft mit ihrem Felsen Petri solch ein winziges Felseneiland werden, an dem teilnahmlos die Wogen des Lebens und der Geschichte vorüberfluteten? Wie ein eiskaltes Bad umschauerten diese Gedanken den deutschen Mönch. Mit beklemmender Gewalt trat die Angst an seine Seele, dass es für

◇ Karl Bauer, Martin Luther

die Reformation der Kirche, welche die Jahrhunderte vor ihm gefor-
dert hatten, ein *Zuspät* geben könne.

So hatten die Bilder Rafaels ihn erschüttert, ihn geängstigt. Er
hatte daheim der Bilder viele gesehen; schöne Schildereien von seinem Freunde Lucas Sunder aus Kronach, der so herzlich innige Hei-
ligengesichter malte; auch von Albrecht Dürer und Lucas von Leiden einiges; es war alles gar fromm und lieb gewesen und hatte zu
seinem Gemüte gesprochen, und wenn er es beschaut, hatte es ihm
die Seele erfrischt wie schöner Lautenklang.

Was aber war das alles gegen diesen Rafael. Musste nicht etwas darin liegen, was dem deutschen Mönch »die Zirkel zerstörte«, was ihn kleinmütig machte, und dann auf die Stirn dieser mächtigen Natur einen Ausdruck wie der Herausforderung legte, als ob ein Drang zu Kampf und Tat in ihm auflodere?

So kam er heim. Die Brüder waren im Garten des Klosters ... Bruder Martin trat näher und sah, was sie trieben. Es entsetzte ihn; es machte ihm das Herz bluten. Sie hatten ihr Spiel mit einem armen Hasen, der auf irgendeine Art in den Garten gekommen war. Sie hatten ihn mit einem langen Faden am Hinterbein an den Stamm eines Orangenbaumes gebunden. So warfen sie mit Steinen nach ihm, und übten sich ihn zu treffen. Hohn und spöttische Rufe wurden denen, die ihn fehlten, zu Teil; lautes Gelächter und Jubel erhob sich, wenn das arme Tier, das den anderen nicht gebundenen Hinterlauf gebrochen und blutend hinter sich drein schleppte, trotz der Sätze, die es in seiner Todesangst machte, getroffen wurde. Die ganze Herzlosigkeit des Romanen wider das hilflose, von der Kirche preisgegebene Tier tobte sich aus.

Bruder Martin stand mit wenig raschen Schritten mitten zwischen ihnen. Er sagte nichts als: »Wer den Herrn liebt, liebt auch seine Kreatur!« aber er sagte es mit bleicher zitternder Lippe, mit einem Tone, dass sie ihn still gewähren ließen, als er hinging, den Faden mit starker Hand zu zerreißen, das arme Tier in seine schwarze Kutte zu bergen und es auf seine Zelle zu tragen, um es zu hegen und zu sehen, ob er es heilen und retten könne.

❖ ❖ ❖

❖ Karl Bauer, Maria Theresia

Maria Theresia

Steckbrief

- Geboren am 13. Mai 1717 in Wien, gestorben am
  29. November 1780 ebenda
- Erzherzogin von Österreich, Königin von Böhmen,
  ungekrönte deutsche Kaiserin

Chronik

Kennzeichnend für das 18. Jahrhundert ist die parallele Entwicklung von Österreich und Preußen zu den vorherrschenden Mächten Deutschlands, ein Dualismus, der seinen tragischen Höhepunkt in Bruderkriegen, zuletzt 1866, findet.

Fast wäre aber alles anders gekommen, im schicksalhaften Jahr 1740, als in Preußen der 28-jährige Friedrich den Thron bestieg und in Wien Maria Theresia mit nur 23 Jahren die Regierungsgeschäfte übernahm. Friedrich bot an, der jungen Monarchin im Kampf um ihren Machterhalt Unterstützung zu gewähren. Als Gegenleistung verlangte er vom katholischen Habsburg das überwiegend protestantische Schlesien. Maria Theresia empfand das Ansinnen als Affront und lehnte ab. Drei Schlesische Kriege führten sie gegen einander. Preußen erstritt sich darin seine Großmachtstellung, Preußens König einen Platz in der Weltgeschichte. Österreich war der Verlierer. Die geschwächte Position im Deutschen Reich konnte auch der Erwerb Galiziens (1772) und der Bukowina (1774), was überhaupt gegen Maria Theresias Willen geschah, nicht auffangen.

Doch neben dem Dualismus prägte die Einflussnahme des Auslandes auf das immer schwächer werdende und mit innerer Zerrissenheit kämpfende Schattengebilde des Reiches die Epoche.

Leben

Maria Theresia ist das zweite Kind und die älteste von drei Töchtern Kaiser Karls VI. Ihr einziger Bruder, Leopold Johann, ist nicht einmal ein Jahr alt geworden. 1716 ist sowohl sein Geburts- als auch sein Sterbejahr. Weiterer männlicher Nachwuchs bleibt dem Kaiserpaar versagt. Die Pragmatische Sanktion, die Karl im Jahr 1713 erlassen hatte, bestimmte aber beim Erlöschen des Mannesstammes seine Töchter zu Thronfolgerinnen.

Von ihrer Mutter Elisabeth Christine von Braunschweig-Wolfenbüttel erbt Maria Theresia die schöne Gestalt. In den Händen der hübschen Prinzessin wird einmal die Herrschaft des Römischen Reiches liegen, wohl dem also, der ihre Hand erhält. Bewerber gäbe es genug, sogar über eine Ehe mit Friedrich von Preußen wird spekuliert. Doch Maria Theresias eigene Wahl fällt auf einen jungen Prinzen, der schon längere Zeit am Wiener Hof lebt: Franz Stephan von Lothringen, ein Enkel Liselottes von der Pfalz. Der Vater und die übrigen Dynastien Europas sind zufrieden. Die Liebesheirat kann am 12. Februar 1736 stattfinden. Uns sind einige rührende Briefe der mächtigsten Frau ihrer Zeit an den Mann ihres Herzens erhalten. Franz Stephan verzichtet für seine Braut auf sein Herzogtum. Das Haus Habsburg nennt sich fortan Habsburg-Lothringen. Die Ehe wird mit 16 Kindern gesegnet. »Man kann nie genug davon haben«, pflegt die charismatische Kaiserin zu sagen. Den doppelten Beruf – Herrscherin und Mutter – meistert sie mit Bravour.

Wirken

Sie hat wohl eine gute Erziehung genossen, als aber ihr Vater 1740 stirbt, ist sie kaum auf die Regierungsgeschäfte vorbereitet und allerhand Gegner im nahen Umfeld und in den anderen Ländern erschweren ihr das Leben. Ein ums andere Mal muss sie jede Menge

Charakterstärke und das, was man als »preußisches Pflichtbewusstsein« bezeichnen würde, beweisen.

1745 sorgt Maria Theresia dafür, dass ihr Franz von den Kurfürsten zum Kaiser gewählt wird. Als Gemahlin von Kaiser Franz I. Stephan ist Maria Theresia nominell »nur« Erzherzogin, aber in Wahrheit hat sie mehr Macht als alle anderen Frauen in der deutschen Geschichte vor und nach ihr. In eigener Verantwortung verfügt sie bis zu ihrem Tod über das gewaltige Habsburgerreich. Manch respektvoller Spott nennt sie den »ersten Mann, den das Haus Habsburg bisher hervorgebracht« habe. Sie ist auf jeden Fall eine der herausragenden Frauen, die Geschichte schrieben und über die die Geschichtsschreibung nicht hinweggehen kann.

Das Wirkungsvollste und innenpolitisch Bemerkenswerteste ist sicherlich ihr Reformprogramm, das sogar ihren Namen trägt: Die Theresianische Staatsreform. Das Finanz- und Verwaltungswesen wurde von lokaler auf zentrale Ebene verlagert, ebenso die Justiz. Nun waren statt der Landstände landesfürstliche Beamte dafür zuständig – ein wichtiger Schritt auf dem Weg zur Zentralisierung und Vereinheitlichung der habsburgischen Erblande. Sogenannte Gubernien und Kreisämter waren verantwortlich für die Kontrolle der grundherrlichen Befugnisse, die dem Adel verblieben. Auch das Schulwesen profitierte vom Reformwillen der Kaiserin: 1774 teilte sie die Schullaufbahn in Trivial-, Haupt- und Normalschule. In neu gegründeten Lehrerseminaren wurden Pädagogen ausgebildet, ein vorgeschriebener Lehrplan legte die verschiedenen Fächer, darunter auch Geschichte, fest. Die Schule sollte ganz selbstverständlich als staatliche, als weltliche, nicht als kirchliche Institution begriffen werden.

Weiter wurden die kirchlichen Feiertage reduziert, der Kirche das Verbot auferlegt, weiteren Grundbesitz zu erwerben und neue Klöster zu gründen, auf vorhandenes Kirchengut griff nun die Steuer zu. Der Staat also beschnitt die Kompetenz des Klerus. Eine Bauernbefreiung scheiterte allerdings am Widerstand des Adels. Wenigstens wurden Robotleistung, also das Arbeiten für einen fremden Herrn, und die Abgaben in feste Grenzen geschrieben. Das angefangene

Reformwerk führte Maria Theresias Sohn, Kaiser Joseph II., genannt der Deutsche, fort.

Friedrich der Große schrieb zum Verscheiden Maria Theresias am 29. November 1780: »Ich habe den Tod der Kaiserin-Königin bedauert: Sie hat ihrem Thron und ihrem Geschlecht Ehre gemacht. Ich habe mit ihr Kriege geführt, aber ich war nie ihr Feind.«

Zeugnis

(aus einem Brief an ihre Tochter Marie Antoinette, Gemahlin des französischen Königs Ludwig XVI.)

Vergiss niemals, dass Du als Deutsche geboren bist, und bemühe Dich, die guten Eigenschaften zu bewahren, die unser Volk kennzeichnen. Im Herzen bleibe stets Deutsche.

Glaube mir: Der Franzose wird Dich weit höher schätzen und mehr von Dir halten, wenn er bei Dir deutsche Gediegenheit und Freimütigkeit findet. Schäme Dich nicht, eine Deutsche zu sein.

Legende

(Aus Goethe: *Dichtung und Wahrheit*)

Maria Theresia selbst, obgleich in gesegneten Umständen, kommt, um die endlich durchgesetzte Krönung ihres Gemahls in Person zu sehen. Sie traf in Aschaffenburg ein und bestieg eine Jacht, um sich nach Frankfurt zu begeben. Franz, von Heidelberg aus, denkt seiner Gemahlin zu begegnen, allein er kommt zu spät, sie ist schon abgefahren. Ungekannt wirft er sich in einen kleinen Nachen, eilt ihr nach, erreicht ihr Schiff, und das liebende Paar erfreut sich dieser überraschenden Zusammenkunft. Das Märchen davon verbreitet sich sogleich, und alle Welt nimmt teil an diesem zärtlichen, mit Kindern reich gesegneten Ehepaar, das seit seiner Verbindung so unzertrennlich gewesen, dass sie schon einmal auf einer Reise von Wien nach Florenz zusammen an der venezianischen Grenze Quarantäne halten müssen.

Maria Theresia wird in der Stadt mit Jubel bewillkommnt, sie betritt den Gasthof zum Römischen Kaiser, indessen auf der Bornheimer Heide das große Zelt, zum Empfang ihres Gemahls, errichtet ist. Dort findet sich von den geistlichen Kurfürsten nur Mainz allein, von den Abgeordneten der weltlichen nur Sachsen, Böhmen und Hannover.

Der Einzug beginnt, und was ihm an Vollständigkeit und Pracht abgehen mag, ersetzt reichlich die Gegenwart einer schönen Frau. Sie steht auf dem Balkon des wohl gelegnen Hauses und begrüßt mit Vivatruf und Händeklatschen ihren Gemahl: Das Volk stimmt ein, zum größten Enthusiasmus aufgeregt. Da die Großen nun auch einmal Menschen sind, so denkt sie der Bürger, wenn er sie lieben will, als seinesgleichen; und das kann er am füglichsten, wenn er sie als liebende Gatten, als zärtliche Eltern, als anhängliche Geschwister, als treue Freunde sich vorstellen darf. Man hatte damals alles Gute gewünscht und prophezeit, und heute sah man es erfüllt an dem erstgebornen Sohn, dem jedermann wegen seiner schönen Jünglingsgestalt geneigt war und auf den die Welt, bei den hohen Eigenschaften, die er ankündigte, die größten Hoffnungen setzte.

Ältere Personen, welche der Krönung Franz des Ersten beigewohnt, erzählten: Maria Theresia, über die Maßen schön, habe jener Feierlichkeit an einem Balkonfenster des Hauses Frauenstein, gleich neben dem Römer, zugesehen. Als nun ihr Gemahl in der seltsamen Verkleidung aus dem Dom zurückgekommen und sich ihr sozusagen als ein Gespenst Karls des Großen dargestellt, habe er wie zum Scherz beide Hände erhoben und ihr den Reichsapfel, den Szepter und die wundersamen Handschuh hingewiesen, worüber sie in ein unendliches Lachen ausgebrochen; welches dem ganzen zuschauenden Volk zur größten Freude und Erbauung gedient, indem es darin das gute und natürliche Ehegattenverhältnis des allerhöchsten Paares der Christenheit mit Augen zu sehen gewürdigt worden. Als

aber die Kaiserin, ihren Gemahl zu begrüßen, das Schnupftuch ge-
schwungen und ihm selbst ein lautes Vivat zugerufen, sei der Enthusiasmus und der Jubel des Volks aufs höchste gestiegen, so dass das
Freudengeschrei gar kein Ende finden können.

❖ ❖ ❖

Hans Meyer

Steckbrief

- Geboren am 22. März 1858 in Hildburghausen, gestorben am 5. Juli 1929 in Leipzig
- Afrikaforscher, Geograph, Verleger, Erstbesteiger des Kilimandscharo

Chronik

Seit den 1880er Jahren verlangte auch Deutschland, nachdem die übrigen Großmächte sich beinahe den ganzen Erdball schon aufgeteilt hatten, nach einem »Platz an der Sonne«, um es mit den Worten Bernhard von Bülows vom 6. Dezember 1897 zu sagen. Doch nicht mit militärischer Gewalt, sondern durch Verträge und Kaufabkommen erwarb sich das Deutsche Reich Überseegebiete in Südwestafrika, Ostafrika, Togo, Kamerun, Neuguinea, Samoa und Kiautschou. Zusammengerechnet lebten auf den drei Millionen Quadratkilometern 12,5 Millionen Menschen, davon 28 000 weiße Siedler.

Die Kolonien erwiesen sich als Zuschussgeschäft. Anstatt Einträge zu erbringen, schlugen sie bis 1913 mit 150 Millionen Mark an Investitionen zu Buche. Infrastrukturelle Aufbauarbeit, Verbesserungen in Verkehr (1645 Kilometer Eisenbahnstrecke in Ostafrika), Gesundheit (zum Beispiel Seuchenforschungsinstitut in Ostafrika 1912, flächendeckende Impfung) und Bildung (ab 1899 Schulpflicht für eingeborene Jungen in Ostafrika) kosteten Geld. Rund 50 Millionen Mark flossen zurück. Nach dem Ersten Weltkrieg musste Deutschland aufgrund der Bestimmungen des Versailler Diktats alle Kolonien abgeben. Reichspräsident Ebert (SPD) sprach von der »Kolonialschuldlüge« und richtete eigens ein Kolonialministerium zum Rückerwerb ein.

❖ Karl Bauer, Hans Meyer

Die Forderung nach einem »Platz an der Sonne« wurde Deutschland wiederholt und unerträglich oft als übertriebener Kolonialismus oder gar Weltbeherrschungsgedanke ausgelegt. Dabei ist die Kolonialgeschichte der Deutschen kürzer und unblutiger als die der anderen Mächte verlaufen. Bezeichnend ist, dass die Askaris in Ostafrika bis 1918 an der Seite der Deutschen kämpften, dass der Begründer der chinesischen Republik, Sun Yat-Sen, das deutsche Kiautschou als vorbildlich für das neue China bezeichnete, die Häuptlinge Kameruns 1933 an den Völkerbund das Begehren richteten, die Deutschen möchten zurückkommen, und Herzog Adolf Friedrich, letzter Gouverneur von Togo, dort noch Jahrzehnte später als Landesvater gefeiert wurde.

Leben

Hans Meyer ist ein Spross der Enzyklopädie-Dynastie Meyer. Sein Großvater Carl Joseph Meyer hatte 1826 das Bibliographische Institut in Gotha (späterer Sitz in Hildburghausen) gegründet, das als erstes 150 Bändchen für eine »Bibliothek der deutschen Klassik« herausgab. Ab 1839 erschien dann das *Große Conversationslexikon für gebildete Stände*, aus dem Sohn Hermann Julius Meyer, der Vater von Hans, ab 1857 das *Neue Konversationslexikon für alle Stände* machte.

Die Verlegerfamilie gelangte bald zu einigem Wohlstand, der Hans Meyer nicht nur eine vorzügliche Ausbildung (unter anderem in Schulpforta) und ein umfangreiches Universitätsstudium (Germanistik, Geschichte, Staatswissenschaften, Völkerkunde und Botanik in Leipzig, Berlin und Straßburg) ermöglichte, sondern 1882 sogar eine erste Forschungsreise von Asien nach Nordamerika. Ein Jahr zuvor hatte er in Straßburg seine Dissertation im Fach Staatswissenschaft über *Die Straßburger Goldschmiedezunft von ihrem Entstehen bis 1681* erfolgreich abgeschlossen.

Als er von seiner ersten Weltreise zurückkommt, steigt Hans Meyer ins Verlagsgeschäft des Vaters ein und übernimmt bald darauf gemeinsam mit seinem Bruder die Leitung. Wie es seinem Interesse und seinem Erfahrungsschatz entspricht, leitet er hauptsächlich das geographische Ressort für die Lexikonreihe. Aber lange hält es den jungen Abenteurer nicht in den Schreibstuben des Instituts. 1887 bricht er das erste Mal nach Ostafrika auf, ein Land, das Leben und Leistung des Forschers in Zukunft prägen sollte. Seit zwei Jahre gehört das Kerngebiet Ostafrikas als Kolonie zum Deutschen Reich. 1888, 1889 und 1911 reist er wieder auf den schwarzen Kontinent.

Wirken

Im 19. Jahrhundert war der Kilimandscharo in etwa das, was für das 20. Jahrhundert der Nanga Parbat wurde: der »Schicksalsberg der Deutschen«. Der Entdecker und Afrikareisende Karl Klaus von der Decken hatte bereits 1832 vergeblich versucht, den mit 5 895 Meter höchsten freistehenden Berg der Welt zu bezwingen. Mehr als fünfzig Jahre später scheiterte Hans Meyer zwei mal, 1887 und 1888. Dass er mit seinem Gefährten Oscar Baumann bei der Expedition von 1888 in die Hände von Rebellen gelangt war und erst nach der Zahlung eines gehörigen Lösegeldes wieder frei kam, die komplette Ausrüstung aber verloren war, schreckt den kühnen Forscher nicht.

Schon ein Jahr nach diesem Abenteuer laufen die Vorbereitungen wieder auf Hochtouren. Den Salzburger Bergsteiger Ludwig Purtscheller, der bereits 1 700 Alpengipfel bestiegen hat, holt Meyer mit ins Boot, das 1889 in See sticht. Auf afrikanischem Boden schließt sich der Einheimische Yohani Kinyala Lauwo an, der dem Volk der Chagga angehört. Lauwo starb übrigens erst 1996 im Alter von 124 Jahren! 14 Mann umfasst die Expedition. Als Hans Meyer am 2. Oktober 1889 das Kibolager am Viermännerstein auf 4 330 Metern aufschlägt, hat er nur noch einen Träger zur Seite. Am nächsten Tag bricht Meyer zum Gipfel auf, es ist 2 Uhr 30. Eine gewaltige Kraftanstrengung wird ihm abverlangt, als über selbst in den Schnee gebaute Treppen immer weiter steigt. Unterwegs entdeckt er die »Hans Meyer Höhle« und nach einem einzigen Ruhetag steht er endlich an der höchsten Stelle des Kraterrandes des Kibo, der höchsten Erhebung des Massivs.

Doch die Bezwingung des Berges bleibt nicht die einzige herausragende Tat Meyers. Zehn Jahre lang erforscht er das Vulkangestein des Kilimandscharo, außerdem weist er nach, dass das Gletschereis im Rückgang befindlich ist. Weitere Expeditionen führen ihn auf die Kanarischen Inseln, die Kordilleren, nach Ecuador, wo er 1903 den vollkommen vergletscherten Chimborazo besteigt.

Meyer war ein ausgesprochener Befürworter deutscher Kolonien. Er schloss sich 1901 dem Deutschen Kolonialrat, einem Beratergremium der Reichsregierung an, und leitete die Kommission zur landeskundlichen Erforschung der deutschen Schutzgebiete.

Zeugnis

Als Hans Meyer am 6. Oktober 1889 auf der höchsten Erhebung Afrikas steht, tauft er sie auf den Namen, der bis 1918 offiziell Bestand haben sollte und auch heute noch nicht in Vergessenheit geraten ist: »Kaiser-Wilhelm-Spitze«.

Sein Grabstein auf dem Leipziger Südfriedhof gibt seine Lebenseinstellung wieder: »Unerschrocken vorwärts schreitend«.

Legende
(aus Oscar Baumann *In Deutsch-Ostafrika während des Aufstandes*)

Wenn ich in die Lage komme, nachfolgend die Ergebnisse meiner Reise in Ostafrika zu veröffentlichen, so verdanke ich die vor allem zwei Männern. in erster Linie dem Mäzen Dr. Hans Meyer, der in

155

glühender Begeisterung für die Wissenschaft und die deutsche koloniale Sache bereits mehr als einmal nicht nur seine reichen Mittel, sondern auch Leben und Gesundheit dafür in die Schanze geschlagen hat. Ferner danke ich es dem englischen Generalkonsul Colonel C. B. Euan-Smith, dem das scheinbar Unmögliche gelungen ist, meine geraubten Tagebücher und Schriften den Aufständischen wieder zu entreißen.

Es war im Winter 1887, als ich Dr. Hans Meyer in Leipzig kennen lernte und später mit ihm in Wien und Berlin zusammen traf. Dr. Meyer hatte eben erst seine Reise nach dem Kilimandscharo vollendet und war im Begriffe, eine größere Expedition ins Innere Ostafrikas auszurüsten. Die gemeinsamen Interessen, die gemeinsame Vorliebe für das afrikanische Forschungsfeld brachte uns bald einander näher, und zu Beginn des Jahres 1888 stellte mir Dr. Meyer die Frage, ob ich nicht Lust hätte, mich seiner Expedition als Geograph anzuschließen …

❖ ❖ ❖

Friedrich Nietzsche

Steckbrief

- Geboren am 15. Oktober 1844 in Röcken bei Lützen, gestorben am 25. August 1900 in Weimar
- Dichter, Philosoph, Philologe, Komponist

Chronik

Nietzsches Leben endet mit dem Glockenschlag der »alten Zeit«, genau um 1900. Bald werden Telegraphenmasten, Leuchtreklamen und Rundfunkantennen das Antlitz der Städte vernarben. Und Gott wird noch weniger unter den Lebendigen sein, als es der prophetische Zarathustradichter mit seinem Totschlagsatz hatte andeuten können. Der so oft vernachlässigte Nachtrag: »Und wir haben ihn getötet« nimmt sich darum wie ein vorgezogenes Jetztzeit-Echo aus.

Mit Nietzsche nimmt aber auch etwas seinen Anfang: eine neues Sprachgefühl. Nicht einmal ein halbes Jahrhundert war dem Mann beschieden, ganz und hell da zu sein, aber er wusste aus dem Kontor seines gewaltigen Lesepensums die Quintessenz für sich und für seinen Auftritt zu ziehen, und die bedeutete ihm: nach Martin Luther der gewaltigste deutsche Spracherneuerer, vielleicht auch Sprachzertrümmerer, zu werden. Was hatten die Zeiten auch schon nicht alles an Worten umgeschichtet und umgewälzt und damit – im Grunde, also für das echte Begreifen – umgebracht?

Karl Simrock hatte bereits 1846 die *Deutschen Sprichwörter* herausgegeben. Ein Vorrat an volksgediehener Sprachbildvielfalt, zugleich aber auch der Anfang des chronischen Abgreifens. Zwar frohlockte noch die Unwissenheit und Ignoranz Heinrich Heines, dass er so leicht und scharf und abgeschmackt mit spitzer Zunge für ein

◈ Karl Bauer, Friedrich Nietzsche

»junges Deutschland« stach, aber die Sprache zu verjüngen, die er sich gern lieh, sie gar zu vitalisieren und zu erweitern, war ihm weder vor- noch nachbehalten.

Dazu brauchte es schon mehr, und vor allem zweierlei: Mut und Wahn. Letzteres aber im ganz eigenen, unbescholtenen, schöpferischen Sinne. Beides brachte Nietzsche mit: und schon drehte und bog sich die starre Kompassnadel von der klassischen zur progressiven Dichtkunst. Nietzsche war ein Allererster in völlig unbetretenem, vermintem Gelände. Während die Literaturgeschichte noch müßig den Realismus aus der Taufe hob und schon die Romantiker zu den alten Eisen zu legen gedachte, fand sie sich selbst plötzlich selbst abgelegt und vor allem: widerlegt. Mit Nietzsche nämlich fing alles von einem Ganz-Vorne an.

Leben

Friedrich Nietzsche stammt aus einer lutherischen Pfarrersfamilie. Er wird am 15. Oktober 1844 in Röcken bei Lützen geboren. Die ersten Jahre verbringt er mit seiner Schwester, Mutter und Großmutter im »Naumburger Frauenhaushalt«. Nach dem Besuch einer Knabenschule, die ihn aber in keinem Sinne entsprach, wechselt er 1854 auf das Naumburger Domgymnasium, wo man sehr bald auch seine musikalische und sprachliche Begabung feststellt. 1858 bekommt Nietzsche ein Stipendiat für die angesehene Landesschule Schulpforta. Hier entwickelt er bereits ein eigenes Gedankenbild der Antike und stellt es den persönlichen Erfahrungen der kleinbürgerlich-christlichen Lebenswelt gegenüber. Auch komponiert und dichtet der junge Nietzsche und erzielt sehr gute schulische Leistungen.

Mit dem Wintersemester 1864 geht er nach Bonn und nimmt das Studium der Klassischen Philologie auf, wechselt dann nach Leipzig und erhält bereits 1869 eine außerordentliche Professur in Basel, wo er auch ein Jahr später zum ordentlichen Professor ernannt wird. In das Jahr 1868 fällt die erste und entscheidende Begegnung mit Ri-

◆ Karl Bauer, Friedrich Nietzsche – der Unzeitgemäße

chard Wagner, der für ihn zu einer der stärksten Bezugspersonen
wird und seine Entwicklung fördert. Es wird jedoch einige Jahre später zum unversöhnlichen Bruch zwischen beiden kommen.

Nietzsche steht im Austausch mit herausragenden Persönlichkeiten seiner Zeit, so unter anderem mit August Strindberg und Lou An-
dreas-Salomé. Am Deutsch-Französischen Krieg 1870 nimmt Nietzsche als freiwilliger Krankenpfleger teil. 1879 nötigt ihn ein mit starken
Kopfschmerzen verbundenes Augenleiden, sich pensionieren zu lassen. Es folgen, vor allem in den Wintermonaten, lange Aufenthalte an
der Riviera. Im Sommer im Engadin. 1889 umnachtet sich sein Verstand zusehends durch geistige Überanstrengung und den Gebrauch
von Schlafmitteln. Seit 1887 ist Nietzsche in Naumburg und wird von
seiner Schwester gepflegt. Der Dichter und Philosoph Julius Langbehn,
genannt der »Rembrandtdeutsche« bemüht sich noch um eingehende
Heilungsversuche und Erlangung der Vormundschaft, jedoch verge-
bens. Im Jahr 1897 erfolgt eine letzte Umsiedlung nach Weimar, wo
Friedrich Nietzsche am 25. August 1900 in der »Villa Silberblick« stirbt.

Wirken

»Ich bin kein Mensch. Ich bin Dynamit«, so lässt Nietzsche, in gewohnt unbescheidener Manier, eine seiner Selbsteinschätzungen verlautbaren. Die europäische Geistes- und Literaturgeschichte wird ihm Recht geben müssen, wenn sie noch immer die Nachbeben der gewaltigen Eruption seines Werkes, ja, seines Lebens überhaupt verzeichnet. Der Index der verfassten wissenschaftlichen Arbeiten zu Nietzsche ist längst astronomisches Zahlenwerk geworden. Nietzsches Einfluss auf das Denken des 20. Jahrhunderts ist im wahrsten Sinne des Wortes »epochal«, denn seine philosophischen Provokationen und sprachbildlichen Grenzüberschreitungen sind die Materie der modernen und zugleich antimodernen Anschauungsgeneration geworden.

Nietzsche hat das Denken verändert. Und er hat sich dies mit nichts als dem Übermaß des Willens, dem Witz des Widerspruchs des eigenen Wesens (und aller Wesen) sowie dem Werkzeug unendlich feiner Sprachfertigkeit erworben. Sein Schlagwort vom »Übermenschen«, der wie ein Seil zwischen dem Tier und dem Menschen gespannt sei, ein Seil über dem Abgrund, dieses Schlagwort allein (und es ist nur eines von sternenvielen seiner geistigen Arbeit) regiert und wirkt und zeugt, wo immer es in die Vorstellung trifft, neue Gedankengenerationen.

Von den Griechen kommend, über Schopenhauer gehend, vor Wagner fliehend, vereint Nietzsche in dem Brennglas seiner Verachtung die zerstreutesten und zugleich verwandtesten Elemente der abendländischen Kultur, aber er zerstäubt sie, bevor er sie vereinigt, und es ist kein leichter Windzug, in die er diese Schöpferspreu zu werfen gedenkt: der gewaltig freie Sprachstrom seiner unbändigen Seele. Niemand sonst ist ähnlich hart und genau mit den Deutschen und ihrem Tun und Lassen, ihren Unzulänglichkeiten und Leistungen ins Gericht gegangen.

Wir wissen nur: wo immer wir Nietzsche zu begegnen glauben, wo immer wir meinen, wir haben ihn, da hat er uns, und er allein ist es, der aus den Gedanken zu uns ins Leben des Augenblicks tritt,

◈ In seinen Unzeitgemäßen Betrachtungen widmet sich Nietzsche in einem Kapitel »Schopenhauer als Erzieher«. Hier schreibt er: »Wenn der große Denker die Menschen verachtet, so verachtet er ihre Faulheit: denn ihrethalben erscheinen sie als Fabrikware, als gleichgültig, des Verkehrs und der Belehrung unwürdig. Der Mensch, welcher nicht zur Masse gehören will, braucht nur aufzuhören, gegen sich bequem zu sein; er folge seinem Gewissen, welches ihm zuruft: sei du selbst! Das bist du alles nicht, was du jetzt tust, meinst, begehrst.« (Zeichnung von Karl Bauer)

uns den Weg verstellt und dem inneren Ohr das hohe Geisterge-
spräch zwischen den Zeiten, das er mit allen unaufhörlich führt,
fortsetzen hören lässt.

Zeugnis

ECCE HOMO

Ja, ich weiß, woher ich stamme,
Ungesättigt gleich der Flamme
Glühe und verzehr' ich mich.
Licht wird alles was ich fasse,
Kohle alles, was ich lasse,
Flamme bin ich sicherlich.

Zarathustra 1. Kapitel

Als Zarathustra dreißig Jahr alt war, verließ er seine Heimat und den
See seiner Heimat und ging in das Gebirge. Hier genoss er seines
Geistes und seiner Einsamkeit und wurde dessen zehn Jahr nicht
müde. Endlich aber verwandelte sich sein Herz, – und eines Morgens stand er mit der Morgenröte auf, trat vor die Sonne hin und
sprach zu ihr also:

»Du großes Gestirn! Was wäre dein Glück, wenn du nicht Die hät-
test, welchen du leuchtest! Zehn Jahre kamst du hier herauf zu meiner Höhle: du würdest deines Lichtes und dieses Weges satt geworden sein, ohne mich, meinen Adler und meine Schlange. Aber wir
warteten deiner an jedem Morgen, nahmen dir deinen Überfluss ab
und segneten dich dafür. Siehe! Ich bin meiner Weisheit überdrüssig,
wie die Biene, die des Honigs zu viel gesammelt hat, ich bedarf der
Hände, die sich ausstrecken. Ich möchte verschenken und austeilen,
bis die Weisen unter den Menschen wieder einmal ihrer Torheit und

die Armen einmal ihres Reichtums froh geworden sind. Dazu muss ich in die Tiefe steigen: wie du des Abends tust, wenn du hinter das Meer gehst und noch der Unterwelt Licht bringst, du überreiches Gestirn! Ich muss, gleich dir, untergehen, wie die Menschen es nennen, zu denen ich hinab will. So segne mich denn, du ruhiges Auge, das ohne Neid auch ein allzugroßes Glück sehen kann!

Segne den Becher, welcher überfließen will, dass das Wasser golden aus ihm fliesse und überallhin den Abglanz deiner Wonne trage! Siehe! Dieser Becher will wieder leer werden, und Zarathustra will wieder Mensch werden.«

– Also begann Zarathustras Untergang.

Legende

(Christian Morgenstern, ein früher Bewunderer,
über Nietzsche)

Begreife dieses Schicksal, junges Herz, –
beinahe lieber noch: begreif es nicht!
Denn wenn du es begriffst, dich ließe Scham
vielleicht nicht weiter leben, – und du hast
so liebe Augen, – nein, begreif es nie;
nur ahn' es, ahn' es, wenn du still einmal
an Menschengröß' und -schicksal schaudernd denkst
und dir gelobst, in deiner guten Brust,
ein Bildner deiner selbst zu sein wie Er.

(»Nietzsche« aus: *Gedichte*, Berlin 1902.)

Man sieht Nietzsche ins Auge und weiß,
wo das Ziel der Menschheit liegt.

(aus: *Stufen: Eine Entwickelung in Aphorismen
und Tagebuch-Notizen*, München 1922.)

Der Ausdruck »Lieber Gott«, über den schon Nietzsche spottet, musste in der Tat dem Deutschen zu erfinden aufgespart bleiben. Es sollte ihm nur einmal aufgehen, wie er sich selbst damit den Blick für die unaussprechliche Gewaltigkeit und Fürchterlichkeit des Weltganzen verdirbt, wenn er dessen höchster Personifikation das vertrauliche Wörtchen »lieb« voransetzt.

(aus: *Stufen: Sprache,* München 1906.)

❖ ❖ ❖

❖   Karl Bauer, Otto der Große

Otto der Große

Steckbrief

- Geboren am 23. November 912, gestorben am 7. Mai 973 in Memleben
- Herzog von Sachsen, König der Ostfranken, römisch-deutscher Kaiser

Chronik

Es ist erstaunlich, wenn man sich vergegenwärtigt, wie viel geschichtliche Fakten der Wortherkunft und der historischen Verwendung des Begriffes »Deutsch« zu entnehmen sind. Es bedeutet im ursprünglichen Sinne »Volk, Leute« und wurzelt im Indogermanischen. Gotenbischof Wulfila, der schon im vierten Jahrhundert die Bibel in die Volkssprache seines Stammes übersetzte, machte daraus »thiudisko« – dem eigenen Volk zugehörig, so verstanden es seine Leute. Etwas später fasste man unter dem schon althochdeutschen Wort »diutisc« die germanischen Mundarten zusammen – Gotisch, Fränkisch, Friesisch, Alemannisch, Sächsisch. Weil sie sich trotz aller Unterschiede in Gemeinsamkeiten von anderen Sprachen, dem Romanischen und Lateinischen, deutlich abgrenzten. Der Brief des päpstlichen Nuntius Gregor von Ostria aus dem Jahr 786 ist das älteste schriftliche Zeugnis dieses Begriffes. Der Benediktinermönch Notker der Deutsche aus St. Gallen (geboren um 950) nannte die Sprache erstmals »diutsch«.

Worauf will dieser etymologische Ausflug hinaus? Er will zeigen, dass es in der ersten Hälfte des 10. Jahrhunderts durchaus schon ein irgendwie gefestigtes Zusammengehörigkeitsgefühl zwischen den germanischen Stämmen vor allem des Ostfrankenreiches gab, dass aber eine starke Persönlichkeit die Zügel der Zeit ergreifen musste, um ein Deutsches Reich in den Sattel zu setzen. Und siehe da: Es konnte reiten!

Steigbügelhalter war Sachsenherzog Heinrich, jener Herr Heinrich, dem während des Vogelfangs eine berittene Abordnung fränkischer und sächsischer Adliger des »Deutschen Reiches Willen« übermittelten: Sein einst erbitterter Feind, der fränkische König Konrad I., überließ dem Sachsen, nicht seinem eigenen Bruder, die Königsherrschaft. 919 wurde Heinrich in Fritzlar zum Nachfolger gewählt. Sachsen und Franken waren sich einig, doch Bayern und Schwaben blieben der Wahl in Fritzlar fern, mehr noch: Arnulf von Bayern ließ sich zum Gegenkönig ausrufen. Obwohl doch alle jenem »Deutsch-Land« angehörten, also dem Land mit dieser Sprache, steht am Anfang der deutschen Staatswerdung der über alle Jahrhunderte immer wieder unheilvoll aufflammende Partikularismus.

Leben

Ein Knabe von nicht einmal sieben Jahren ist Otto, als sein Vater Heinrich die Königswürde entgegennimmt und beginnt, mit den übrigen Stämmen den Ausgleich, statt Konfrontation Kompromiss zu suchen, Bayern und Schwaben für sich zu gewinnen und gegen die unheimliche Bedrohung der Ungarn im Osten das Reich mit Burgen zu bewehren. Otto trägt den Namen seines Großvaters, Ottos des Erlauchten. Seine Mutter ist eine Nachfahrin Widukinds. Sechs Generationen nach den blutigen Kämpfen der Sachsen gegen die Franken wird ein Herzog aus dem Geschlecht Widukinds die Kaiserkrone Karls des Großen tragen.

Otto ist nicht purpurgeboren – also nicht zur Welt gekommen, als sein Vater schon König war. Familienstreitigkeiten darum sollten seinem beispiellosen Werdegang aber nicht im Wege stehen. Er ist von stattlicher Größe, alle Chronisten berichten zusätzlich von seiner dichten Brustbehaarung. Er ist fast weißblond, die hellen Augen sind von ebensolchen Wimpern und Brauen umgeben.

929 führt er die angelsächsische Prinzessin Editha heim. Sie stirbt 946. Fünf Jahre danach nimmt er Adelheid von Burgund zu seiner Frau. Der gemeinsame Sohn wird als Otto II. 973 den Thron besteigen. Adelheid wird im Jahr 1097 heiliggesprochen.

936 stirbt Ottos Vater Heinrich. Schon zu Lebzeiten hatte er seinem Sohn die Nachfolge gesichert. Obwohl das Wahlkönigtum galt, blieb das Erbrecht nicht unberücksichtigt. Doch auch der ererbte Thron stand nur fest auf dem Fundament der förmlichen Wahl. In Aachen, über dem Grab Karls des Großen, wird Otto am 7. August 936 inthronisiert. Die Herzöge schwören ihm die Treue und vollführen beim zeremoniellen Krönungsmahl symbolische Aufgaben: Giselbert von Lothringen ist der Kämmerer, der Wirt des Festschmauses, Eberhard von Franken beaufsichtigt als Truchsess die Tafel, Hermann von Schwaben ist Mundschenk und Arnulf von Bayern, jener unter Heinrich aufsässige Gegenkönig, ist Marschall. Diese Zeremonie legte den Grundstein für die Reichserzämter, die bis zum Ende des Heiligen Römischen Reiches 1806 ihre Gültigkeit bewahren sollten.

Wirken

Der 23-Jährige ist nun König. Er blickt in sein Reich und sieht, was den allermeisten seiner Zeitgenossen noch nicht einmal als Utopie in den Sinn kommt: Dass das Land nur dann von Bestand sein kann, wenn es sich als Nation begreift, als deutsche Nation. All sein Handeln, das seiner Umwelt manches Mal so unglaublich scheinen will, ist darauf ausgerichtet. Otto unterwirft Aufständische, darunter seinen eigenen Bruder Heinrich, später den eigenen Sohn, und vergibt den Verrätern. Einen um den anderen bindet er enger an sich, Schwaben und Lothringer durch Heiraten. Seine Schwester Gerberga ehelicht König Ludwig IV. von Westfranken.

Otto nimmt sich das Recht heraus, Bischöfe und Herzöge selbst einzusetzen. Eiserne Kraftanstrengungen sind nötig, um das junge

❖ Otto belebte die Kaiseridee, die mit Karl dem Großen (Bild) zu Ende gegangen war, neu. Doch er erkannte, dass Karls gewaltiges Frankenreich nicht mehr zusammenzuhalten war. Zu sehr hatten sich Westen und Osten von einander abgewandt. Was Karl durch seine Persönlichkeit vereinen konnte, wäre auch Otto möglicherweise gelungen, aber ein Reich, von der Elbe bis zum Atlantik, wäre spätestens auch mit seinem Tod zerbrochen. (Zeichnung von Karl Bauer)

Reich nicht gleich wieder dem Zerfall preiszugeben. Fast zwei Jahrzehnte nach seiner Königswahl nennt die Welt in Ehrfurcht den Herrscher, den bestimmenden Mann des Abendlandes, den Großen. Er war der Sieger in der Schlacht auf dem Lechfeld.

Am 10. August 955 wirft sich Otto vor den Toren Augsburgs, dessen tapferer Bischof Ulrich in der ersten Schlachtreihe an seiner Seite steht, den Ungarn entgegen. Seit vielen Jahren bedrohten die Madjaren das Reich und waren schon tief in sein Land gedrungen. Ein gesamtdeutsches Heer ist nun aufgeboten, der Franke Konrad der Rote, der zu den Gefallenen gehören sollte, führt seine Ritter, König Otto mit der Heiligen Lanze die gepanzerte Reiterei. Schwaben, Bayern, Franken und Böhmen bestehen gemeinsam die Feuerprobe. Die Weltgeschichte erfährt eine entscheidende Wendung: Ohne Ottos Sieg wäre das Abendland nicht dasselbe geworden.

Mehr noch: Die Zusammengehörigkeit der Deutschen war durch die gemeinschaftliche Anstrengung gefestigter denn je. Der Separatismus hätte der Verteidigung ein schnelles Ende gemacht und den anstürmenden Heeren aus dem Osten Tür und Tor geöffnet. In Einheit aber fing man diesen Schwertstreich ab.

Nach Westen und Süden hin sichert Otto ebenfalls sein Reich. Er trägt auch die Eiserne Krone der Langobarden. Im Osten besiegt er die Wenden, gründet wichtige Bistümer und schafft mit seinen Marken die Grundfesten der Ostsiedlung. Markgraf Gero und Hermann Billung stehen hier die Wacht für das Reich.

Ins Jahr 962 fällt Ottos größter Triumph, der Höhepunkt seiner Macht. Vom Papst zu Hilfe gerufen, zieht er nach Italien und wird am 2. Februar 962 in Rom zum Kaiser gekrönt. Das ganze Abendland feiert die *Renovatio Imperii* – die Wiedererrichtung des Reiches, das seit Karl dem Großen über eineinhalb Jahrhunderte keinen Kaiser hatte. Nun ruft vor allem Deutschland voll Stolz: Wir sind Kaiser!

973 stirbt der Begründer des deutschen Kaisertums in Memleben. Im Dom zu Magdeburg ist er zur letzten Ruhe gebettet.

Zeugnis

(Otto der Große selbst war schreibunkundig, ließ aber
der Bildung in seinen Klosterschulen eine große Bedeutung
beimessen. Der sächsische Benediktinermönch Widukind von
Corvey, geboren 925, gestorben nach 973, hinterließ mit
seiner dreibändigen *Sachsengeschichte* die wichtigste Quelle
zur Ottonenzeit. Hier berichtet er auch von der
Schlacht auf dem Lechfeld.)

Der König schlug sein Lager bei Augsburg auf, wo die Heere der
Franken und Baiern zu ihm stießen. Als Herzog Konrad mit zahlreichen Rittern im Lager ankam, erhob sich der Mut aller Streiter,
sie brannten darauf, in den Kampf geführt zu werden. Denn Konrad
war ein kühner Recke und dazu, was man bei tapferen Männern selten trifft, klug im Rate …

Im Lager des Königs wurde zum Fasten aufgefordert und befohlen, dass sich alle zum Kampfe für den nächsten Tag bereithalten
sollten. Es kam anders, als man dachte. Die Ungarn aber überschrit-
ten nämlich ohne Zögern den Lech, umgingen das Heer, beschos-
sen mit ihren Pfeilen die Nachhut, stürzten sich unter entsetzlichem
Kriegsgeheul auf sie, erschlugen einen Teil davon, nahmen andere
gefangen, eroberten das ganze Gepäck und jagten den Rest des Zu-
ges in die Flucht.

Als der König den Feind die Front und zugleich die Nachhut be-
drängen sah, schickte er den Herzog Konrad mit dem vierten Zuge
ab. Der befreite die Gefangenen, entriss dem Feinde die Beute und
jagte dessen plündernde Scharen in die Flucht. Hierauf kehrte er mit
siegreichem Banner zum König zurück. Merkwürdigerweise hatte
er seinen glänzenden Erfolg mit jungen Streitern, die den Krieg noch
kaum kannten, errungen, während die alten, siegegewohnten und
ruhmbedeckten Krieger sich zaudernd zurückhielten.

Wie nun der König sah, dass sich die ganze Wucht des Kampfes
ihm gegenüber in der Front zusammenballte, ermunterte er seine
Mannen: »Meine Krieger, jetzt heißt es guten Mutes sein! Nicht in
weiter Ferne, unmittelbar vor euch steht der Feind. Bis jetzt siegte ich

durch eure nimmer rastende Faust, durch eure überall in fremden Landen ruhmreichen, nie bezwungenen Waffen, und nun sollte ich in meinem Lande und Reiche den Rücken zeigen müssen? Ich weiß, die Feinde sind uns über an Zahl, nicht aber an Tapferkeit, nicht in der Rüstung. Nahezu allen von ihnen fehlen fast jede Waffen und – unsere größte Zuversicht – ihnen fehlt Gott. Ihre Verwegenheit ist ihre einzige Burg, unsere aber ist die Hoffnung auf Gottes Schirm und Schutz ... Ist das Ende nahe, gut, so wollen wir lieber ruhmvoll im Kampf fallen, als dem Feinde untertan ein Sklavenleben führen, oder was noch wahrscheinlicher ist, wie schädliche Tiere durch den Strick erwürgt werden. Noch manch ein Wort würde ich an euch, meine Mannen, richten, wüsste ich, dass dadurch euer Mut und eure Tapferkeit gesteigert werden können. Doch so wollen wir lieber mit dem Schwerte als mit der Zunge den Streit beginnen.«

Hierauf ergriff der König den Schild und die heilige Lanze und sprengte als erster gegen die Feinde vor, zugleich der tapferste Krieger und der beste Feldherr.

Legende

(Roswitha von Gandersheim lebte von 935 bis 975
und war Nonne in einer Klosterschule Ottos.
Sie schrieb ein Gedicht über »Die Taten Ottos«.)

Otto, gewaltiger Herrscher des Cäsarianischen Reiches,
der du unter dem Schutze der Gnade des ewigen Königs,
herrlich prangend im Szepter der Augustaischen Ehren,
all die früheren Auguste durch frommen Glauben besiegtest,
vor dem mancherlei Völker in weiten Gebieten sich fürchten,
welchen das Römische Reich mit Füllen der Gaben beschenket,
nicht das geringste Geschenk von diesem Liede verachte.
Viele beschreiben vielleicht von deinen Taten den Ruhmglanz
Und ihn wird noch später so mancher in Schriften verkünden;
Aber mir hat von diesen nicht einer ein Muster geboten

Und kein früheres Buch über die Schreibart belehret.
Sondern der Grund für das Werk ist bloß Ergebung des Herzens.

Als der Könige König, der einzig ewiglich herrschet,
aller Könige Zeiten aus eignen Kräften verwandelnd,
gebot überzutragen die glänzende Herrschaft der Franken
auf das berühmte Geschlecht der Sachsen, welches den Namen
führet vom Sachsensteine, so fest wie der harte Charakter:
übernahm es der Sohn des großen und würdigen Herzogs Ottos,
Heinrich mit Namen, zuerst das Szepter des Königs.
Und es herrschte mit ihm Mathilde, die herrliche Gattin.
Dieser nun hatte gewährt der dreieinige Gott drei Söhne,
schon so das glückliche Volk milde versorgend,
dass wenn Heinrich, der hochzuverehrende König, gestorben,
nicht des Reiches Gewalt Ruchlose mit Bosheit ergriffen.

Wie das Morgengestirn beim Aufgehen, glänzte von diesen
Otto zuerst, im Strahle der hellsten Mildigkeit schimmernd,
welchen erkoren die Gnade des ewigen Königs in seiner
alten Liebe, nach Brauch das treue Volk zu regieren.
Ältester durch die Geburt, war auch an Verdienst er der Größte,
und als tot nun der Vater das Szepter zu führen geeignet.
Nicht Not tut es, mit Worten zu sagen die Summe der Bravheit,
noch das verdienstliche Lob des hohen Jünglings zu preisen.

❖ ❖ ❖

Johann Philipp Palm

Steckbrief

- Geboren am 18. Dezember 1766 in Schorndorf (Württemberg), hingerichtet auf Befehl Napoleons am 26. August 1806 in Braunau am Inn
- Buchhändler, Vertreiber der Schrift *Deutschland in seiner tiefen Erniedrigung*

Chronik

Das Jahr 1806 ist geprägt von einem Ereignis: Unter dem Druck Napoleons gründet sich in Paris der Rheinbund, die »Confédération du Rhin«. Am 12. und 16. Juli unterzeichnen sechzehn Abgesandten im Namen ihrer Fürsten die Akte, die das Ende des Heiligen Römischen Reiches Deutscher Nation einleiten sollte. Die Unterschriften bedeuteten die ausdrückliche Lossagung von Kaiser und Reich und anstelle dessen das Protektorat Napoleons. Die deutschen Staaten waren dazu von Frankreich überredet, bestochen oder sogar erpresst worden. Bis Ende 1808 hatten sich alle deutschen Länder dem Bund angeschlossen, mit Ausnahme von Kurhessen und Braunschweig, Preußen und Österreich.

Am 6. August 1806 verlas in Wien Kaiser Franz II. die folgenschwere Erklärung: »Bei der hierdurch vollendeten Überzeugung von der gänzlichen Unmöglichkeit, die Pflichten Unseres kaiserlichen Amtes länger zu erfüllen, sind Wir es Unsern Grundsätzen und Unserer Würde schuldig, auf eine Krone zu verzichten, welche nur so lange Wert in Unsern Augen haben konnte, als Wir dem von Kur-

❖   Karl Bauer, Johann Phillipp Palm

fürsten, Fürsten und Ständen und übrigen Angehörigen des deutschen Reichs Uns bezeigten Zutrauen zu entsprechen und den übernommenen Obliegenheiten ein Genüge zu leisten im Stande waren. Wir erklären demnach durch Gegenwärtiges, dass Wir das Band, welches Uns bis jetzt an den Staatskörper des deutschen Reichs gebunden hat, als gelöst ansehen, dass Wir das reichsoberhauptliche Amt und Würde durch die Vereinigung der konföderierten rheinischen Stände als erloschen und Uns dadurch von allen übernommenen Pflichten gegen das deutsche Reich losgezählt betrachten, und die von wegen desselben bis jetzt getragene Kaiserkrone und geführte kaiserliche Regierung, wie hiermit geschieht, niederlegen.«

1000 Jahre deutscher Geschichte fanden hier ein Ende.

Leben

Als Johann Philipp Palm an einem Dezemberdonnerstag 1766 als Sohn eines angesehenen Chirurgen aus einer alten Apothekerfamilie zur Welt kommt, liegt sein Geburtsort Schorndorf noch im Herzogtum Württemberg. Kaum ein halbes Jahrhundert später, bedingt durch den Frieden von Lunéville 1801 zwischen Österreich und Frankreich (das die seit 1794 besetzten linksrheinischen Gebiete erhielt), und den Reichsdeputationshauptschluss 1803, wurde es zum Königreich und gehörte dann ab dem Sommer 1806 auch dem Rheinbund an.

Das Geschlecht der Palms ist weitverzweigt und blüht sogar im Fürstenstand. Johann Phillips Onkel, der Buchhändler und Verleger Johann Jakob Palm, nimmt den jungen Mann in die Lehre. In Erlangen also erhält er die Ausbildung zum Buchhändler. Nach erfolgreichem Abschluss kann Palm in der renommierten Nürnberger Traditionsbuchhandlung Stein eine Stelle gewinnen – und das Herz der Tochter des Hauses, Anna Catharina Barbara Stein. Bald nach der Hochzeit am 27. Februar 1796 übernimmt Palm das Geschäft des Schwiegervaters. Die Ehe wird mit drei Kindern gesegnet.

Zehn Jahre später: Dunkle Wolken ziehen am Nürnberger Himmel herauf. Napoleons Truppen besetzen die alte Reichsstadt und übergeben sie am 15. September 1806 dem durch die Rheinakte neu verbündeten Königreich Bayern. Da liegen Verurteilung und Hinrichtung des Nürnberger Buchhändlers Palm schon drei Wochen zurück.

Wirken

Seit dem Frühjahr schon kursierte in Deutschland nämlich eine kleine Schrift, die mit aller Kraft der Worte die Willkürherrschaft Napoleons und das politische Geschacher der deutschen Fürsten brandmarkt. Niemand weiß, wer der Verfasser ist und dem kühnen Heft den Titel *Deutschland in seiner tiefen Erniedrigung* gegeben hat. Für die französische Geheimpolizei ist es ein »gefährliches, aufwieglerisches Schriftstück«. In Nürnberg, so hört man, wird es in der Buchhandlung Stein vertrieben.

Tatsächlich hatte die Buchhandlung die Schrift weiter an Augsburger Buchhandlungen geleitet. Dort gelangte sie in die Hände französischer Offiziere, die sie an Napoleon sandten. Der Kaiser der Franzosen selbst ist es dann, der Befehl gibt, den Verfasser der Schrift zu ermitteln und an ihm ein Exempel zu statuieren. Man kommt auf Palm. Hausdurchsuchung, Verhaftung, Verhör.

Ein Justizskandal nimmt seinen Lauf, der ganz Deutschland und den Kontinent mit Empörung erfüllt: Französische Gendarme nehmen den Buchhändler Palm, einen bayerischen Zivilisten, fest und bringen ihn am 23. August 1806 nach Braunau am Inn – vor ein Kriegsgericht. Hier haben die Franzosen das alleinige Sagen, seit die österreichischen Truppen die Festung aufgegeben haben. Napoleon selbst steckt dahinter, hatte er doch schon am 5. August an Marschall Berthier nach München geschrieben:

»Ich denke, dass sie die Buchhändler von Augsburg und Nürnberg haben verhaften lassen. Es ist mein Wille, dass sie vor ein Kriegsgericht gezogen und in 24 Stunden erschossen werden. Es ist kein gewöhnliches Verbrechen, wenn man in den Orten, wo sich die französischen Armeen befinden, Schmähschriften verbreitet, um die Einwohner gegen sie aufzureizen. Es ist Hochverrat.«

Weitere Verhöre folgen. Nicht einmal einen Verteidiger darf der Angeklagte sich nehmen. Palm beteuert ein ums andere Mal seine Unschuld. Doch der Name, der ihn retten kann, kommt nicht über seine Lippen. Bis zu seinem Tod verschweigt er den Urheber der Schrift. Am 26. August erfolgt – wie von Napoleon befohlen – das Todesurteil. Die sofortige Vollstreckung wenige Stunden später. Danach liegt über ganz Braunau eine tiefe, erstickende Trauer.

»Überhaupt herrschte auch bei den Soldaten eine dumpfe Stille, und die meisten erklärten sich danach in ihren Quartieren zu Hause laut wider diese Exekution. Der Oberkommandant davon sprach zu mir im Heimziehen auf deutsch: ›Dieser Mann war wohl recht standhaft.‹ Der Hauptmann aber, als er in sein Quartier zurückkam, schimpfte entsetzlich und sagte, er würde lieber quittieren, als noch einmal eine solche Exekution auf sich nehmen. Überhaupt ist nicht zu beschreiben, was für große Traurigkeit in der ganzen Stadt herrschte. Es war bei allen, wes Geschlechtes, Standes und Alters, nur eine Stimmung, nämlich der tiefe Schmerz.« So berichtet Pfarrer Thomas Pöschl, der Palm seelischen Beistand leistete, nach dessen Hinrichtung.

Die Mitangeklagten entgehen dem Todesurteil. Weinwirt Peter Merkle aus Neckarsulm wird nach dem Verhör entlassen, für den Buchhändler Jenisch aus Augsburg und den Kaufmann Schoderer aus Donauwörth kann der bayerische Kurfürst die Begnadigung erwirken. Die Buchhändler Kupfer aus Wien und Eurich aus Linz sind flüchtig.

An Palm aber ist das Exempel statuiert. Palm wurde Märtyrer. Der Historiker Hellmut Diwald: »Die Flugschrift selbst hätte niemals eine so aufrüttelnde Wirkung haben können wie Palms Exekution.«

Zeugnis

(Palms Abschiedsbrief an seine Frau)

Herzensschatz! Herzlich geliebte Kinder!

Von Menschen, aber nicht von Gott verlassen, urteilte mein hiesiges Militärgericht über mich, nachdem ich nur zwei Verhöre hatte und gefragt wurde: ob ich politische Schriften verbreitet hätte; ich sagte, was ich wusste, dass höchstens nur per Spedition zufälligerweise dergleichen könnte versandt worden sein, aber nicht mit meinem Willen und Wissen. Auf dies richtete man mich vom Leben zum Tode, ohne Defensor. Ich bat mir dazu R. aus, welcher aber nicht erschien; indessen vor Gott wird er mir erscheinen.

Dir, Herzensfrau, sage ich tausend Dank für Deine Liebe, tröste Dich mit Gott und vergesse mich nicht.

Ich habe auf der Erde nun nichts zu sagen, aber dort desto mehr. Lebe wohl, Du und Deine Kinder, Gott segne Dich und sie.

Empfehle mich dem Herrn und der Frau Schwägerin und allen Freunden, denen ich für ihre Güte u. Liebe danke.

Nochmals lebe wohl! Dort sehen wir uns wieder!

Dein herzlicher Gatte und meiner Kinder Vater
Joh. Philipp Palm
Braunau, im Gefängnisse am 26. August 1806.
Eine Stunde vor meinem Ende.

Legende

(aus einem Gedenkblatt auf Johann Philipp Palm)

Was ist ein Mann im Vaterland,
dem nicht die Zornesader schwillt
und dem nicht zuckt die nerv'ge Hand,
erblickt er, Palm! dein teures Bild?

Ein Märtyrer gingst in den Tod,
als Deutschland trug des Korsen Schmach,
sahst nicht der Freiheit Morgenrot
noch wie dein Volk die Fesseln brach.

Fest standst mit ungebeugtem Haupt,
als dich ließ morden der Tyrann; –
Doch ward dein Geist uns nicht geraubt,
er lebt in jedem freien Mann!

❖ ❖ ❖

◈ Karl Bauer, Manfred von Richthofen

Manfred von Richthofen

Steckbrief

- Geboren am 2. Mai 1892 in Breslau, gefallen am 21. April 1918 bei Vaux-sur-Somme
- Erfolgreichster Jagdflieger des Ersten Weltkrieges, Ritter des Ordens Pour le Mérite

Chronik

Als der Lotse 1890 von Bord ging, glaubte niemand ernstlich, dass Bismarcks Friedensordnung zweieinhalb Jahrzehnte später einem mörderischen Völkerringen weichen müsse, welches das Deutsche Reich von einer europäischen Großmacht zur Mittelmacht degradierte und millionenfaches Leid bedeutete.

Im Reich regierte Kaiser Wilhelm II., der seine jugendliche Energie in allerlei Großprojekte investierte. Die Wirtschaftskraft wuchs herrlichen Zeiten entgegen, in Handel und Industrie stürmten die Deutschen bald an die Spitze der Nationen. Auch Wissenschaft und Forschung setzten zu Höhenflügen an: Otto Lilienthal machte sich als Pionier der modernen Luftfahrt unsterblich, wenig später lässt Graf Zeppelin sein erstes Luftschiff empor steigen. 1901 erhält Wilhelm Conrad Röntgen den ersten Nobelpreis für Physik und als erster Arzt wird im selben Jahr Emil Adolph von Behring mit dem Nobelpreis geehrt. 1905 wird diese Würdigung dem Mediziner Robert Koch zuteil.

Prägende Oppositionen zum gesellschaftlich, künstlerisch und politisch Etablierten brachen sich Bahn in Gestalt von Wandervogel, Frauenrechtlerinnen und Jugendstil. Doch am 4. August 1914 zeigten sich alle Strömungen wieder geeint, als Kaiser Wilhelm vom

Balkon des Berliner Schlosses zur nationalen Solidarität im Kriege aufrief: »Ich kenne nur noch Deutsche!«

Leben

Als gleich nach dem Aufruf zur Mobilmachung Millionen junge Deutsche voll Idealismus als Freiwillige zu den Fahnen eilen, steht der 22-jährige Manfred Freiherr von Richthofen schon im Range eines Leutnants.

Er entstammt einer bedeutenden schlesischen Adelsfamilie, die allerdings »wenig Soldaten, nur Agrarier« hervorgebracht hat. Der Vetter seines Großvaters ist das erste engere Familienmitglied, das erfolgreich eine militärische Laufbahn beschritt. Bei Kriegsbeginn ist aber jeder waffenfähige Richthofen bei der Fahne. Sechs Vettern des späteren »roten Barons« fielen in den ersten Kriegsmonaten als Kavalleristen.

Aufgewachsen in seinem geliebten Schlesien, kommt Manfred von Richthofen als Sextaner zu den Kadetten. Es gefällt ihm hier gar nicht. Die strenge Ordnung und Disziplin machen dem Wildfang zu schaffen. Im Unterricht leistet er gerade so viel wie nötig ist, um die Versetzung nicht zu gefährden. Doch wo immer ein halsbrecherisches Unternehmen lockt, ist Manfred vorne dabei. So erinnerte er sich später noch gerne daran, einmal mit einem Freund – sicherlich unter Lebensgefahr – ein Taschentuch am Blitzableiter auf dem Kirchturm von Wahlstatt angebracht zu haben, das zehn Jahre später immer noch oben im Wind flatterte.

Nach dem Fähnrichsexamen tritt er dem Ulanenregiment Nr. 1 »Kaiser Alexander III.« bei. Anders als bei den Kadetten erfüllt der Dienst in der Kavallerie alle Wünsche des jungen Soldaten. Er ist einer der besten Reiter, was er auch in Springwettbewerben und Rennen unter Beweis stellen kann.

Wirken

So ist es kein Wunder, dass er nach Kriegsbeginn zuerst eine Kavallerie-Patrouille führt. Verstärkt widmet die sich den gefährlichen Aufklärungstouren hinter den feindlichen Linien.

Die Versetzung in die Etappe als Verpflegungsoffizier provoziert dann aber seinen ganzen Widerstand: »Ich bin nicht in den Krieg gezogen, um Käse und Eier zu sammeln«, protestiert er. Richthofen ersucht um seine Versetzung zur Fliegertruppe. Am 10. Juni 1915 beginnt er in der Fliegerschule Großenhain in Sachsen die Ausbildung. Am 1. September 1915 hat er seinen ersten Luftkampf. Oswald Bolecke holt den jungen Ulanenoffizier in seine Jagdstaffel. Gemeinsam fliegen sie gegen den Feind. Doch Boelcke fällt. Beim Trauerzug in der Kathedrale von Cambrai trägt Richthofen sein Ordenskissen.

Danach wird er selbst Führer der Jagdstaffel 1. Hier kommt er auch auf den Gedanken, seine Fokker knallrot zu lackieren. Die Engländer sprechen bald, halb in Furcht, halb in Bewunderung, vom »rotten Ritter«, die Franzosen vom »kleinen Roten« oder »roten Teufel«, zum »roten Baron« machen ihn die Amerikaner.

Fast alle Männer in Richthofens Staffel, auch sein Bruder Lothar, werden mit dem Pour le Mérite ausgezeichnet. Die Engländer wollen den Gefürchteten nun jagen, da lässt Richthofen alle Maschinen seiner Männer rot streichen. Das feindliche »Anti-Richthofen-Geschwader« kann ihn nicht schrecken, auch nicht die Kopfprämie von 1 000 Pfund Sterling, von den Engländer auf ihn ausgesetzt.

Nach einer Verwundung mit Startverbot belegt, empört sich Richthofen: »Ich würde mir sehr elend vorkommen, wenn ich jetzt behaftet mit Ruhm und Orden dahinleben würde, um mein kostbares Leben der Nation zu erhalten, während jeder arme Kerl im Schützengraben, der seine Pflicht genauso tut wie ich, ausharrt.«

Der 21. April ist der Tag nach seinem 80. Luftsieg. Um elf Uhr startet Richthofen mit seiner Staffel zum Feindflug. Er wird nicht zurückkehren. Die Briten haben ihn mit allen Ehren beigesetzt, sechs Geschwaderführer trugen den Sarg, das Grab war schwarz-weiß-rot geschmückt, drei Salven durchdonnerten die Stille. 1925 wurden seine sterblichen Überreste in einem Staatsakt auf den Invalidenfriedhof in Berlin überführt. General der Flieger Karl Bodenschatz schrieb über diesen letzten Weg: »Über alle Parteien hinweg huldigt das deutsche Volk in seltener Einmütigkeit dem großen toten Flieger, der zugleich als Symbol für alle gefallenen Soldaten empfunden wird.«

Zeugnis

(Aus Manfred von Richthofens Autobiografie:
Der rote Kampfflieger, 1917)

In allen Zeitungen stand weiter nichts als dicke Romane über den Krieg. Aber seit einigen Monaten war man ja schon an das Kriegsgeheul gewöhnt. Wir hatten schon so oft unseren Dienstkoffer gepackt, dass man es schon langweilig fand und nicht mehr an einen Krieg glaubte. Am wenigsten aber glaubten wir an einen Krieg, die wir die ersten an der Grenze waren, das »Auge der Armee«, wie seinerzeit mein Kommandierender uns Kavalleriepatrouillen bezeichnet hatte.

Am Vorabend der erhöhten Kriegsbereitschaft saßen wir bei der detachierten Schwadron, zehn Kilometer von der Grenze entfernt, in unserem Kasino, aßen Austern, tranken Sekt und spielten ein wenig. Wir waren sehr vergnügt. Wie gesagt, an einen Krieg dachte keiner.

Wir waren gerade sehr ausgelassen, als sich plötzlich die Tür öffnete und Graf Kospoth, der Landrat von Öls, auf der Schwelle stand. Der Graf machte ein entgeistertes Gesicht.

Wir begrüßten den alten Bekannten mit einem Hallo! Er erklärte uns den Zweck seiner Reise, nämlich, dass er sich an der Grenze persönlich überzeugen wolle, was von den Gerüchten von dem nahen Weltkrieg stimme. Er nahm ganz richtig an, die an der Grenze müssten es eigentlich am ehesten wissen. Nun war er ob des Friedensbildes nicht wenig erstaunt. Durch ihn erfuhren wir, dass sämtliche Brücken Schlesiens bewacht wurden und man bereits an die Befestigung von einzelnen Plätzen dachte.

Schnell überzeugten wir ihn, dass ein Krieg ausgeschlossen sei, und feierten weiter.

Am nächsten Tage rückten wir ins Feld.

Das erste Mal in der Luft!

Morgens früh um sieben Uhr sollte ich zum ersten Mal mitfliegen! Ich war in einer etwas begreiflichen Aufregung, konnte mir so gar nichts darunter vorstellen. Jeder, den ich fragte, schnurrte mir etwas anderes vor. Abends ging ich zeitiger schlafen als sonst, um am nächsten Morgen für den großen Moment frisch zu sein. Wir fuhren rüber auf den Flugplatz, ich setzte mich zum ersten Mal in ein Flugzeug. Der Propellerwind störte mich ganz ungeheuer. Eine Verständigung mit dem Führer war mir nicht möglich. Alles flog mir weg. Mein Sturzhelm verrutschte sich, der Schal löste sich, die Jacke war nicht fest genug zugeknöpft, kurz und gut, es war kläglich. Ich war noch gar nicht darauf gefasst, schon loszusausen, da gab bereits der Pilot Vollgas, und die Maschine fing an zu rollen. Immer schneller, immer schneller. Ich hielt mich krampfhaft fest. Mit einem Male hörte die Erschütterung auf, und die Maschine war in der Luft. Der Erdboden sauste unter mir weg.

Keine Ahnung mehr, wo ich mich befand! Ich fing so sachte an, mir mal die Gegend unter mir anzusehen. Die Menschen winzig klein, die Häuser wie aus einem Kinderbaukasten, alles so niedlich und zierlich. Im Hintergrund lag Köln. Der Kölner Dom ein Spielzeug. Es war doch ein erhabenes Gefühl, über allem zu schweben. Wer konnte mir jetzt was anhaben? Keiner! Dass ich nicht mehr wusste, wo ich war, war mir ganz wurscht, und ich war ganz traurig, als mein Pilot meinte, jetzt müssten wir landen.

Am liebsten wäre ich gleich wieder geflogen. Aber es ist ein verdammter Nervenkitzel, so durch die Luft zu sausen, besonders nachher, als es wieder »runterging« das Flugzeug nach vorn kippte, der

Motor aufhörte zu laufen und mit einemmal eine ungeheure Ruhe eintrat. Ich hielt mich wieder krampfhaft fest und dachte natürlich: »Jetzt stürzt du.« Aber es ging alles so selbstverständlich und natürlich vor sich, auch das Landen, wie man wieder die Erde berührte, und alles war so einfach, dass einem das Gefühl der Angst absolut fehlte. Ich war begeistert und hätte den ganzen Tag im Flugzeug sitzen können. Ich zählte die Stunden bis zum nächsten Start.

Legende
(Franz Carl Endres: »Manfred von Richthofen«,
in *Jugend* Nr. 31/1917)

Noch ist der Flieger der Herr der Lüfte! Noch ist sein Kampf ein alter, edler Zweikampf, noch ist Ritterlichkeit ein auf Erden schon längst abhanden gekommener Schmuck dieses Kampfes, – noch schwebt die Poesie dieses Krieges, der in den Tiefen maschinelltechnischer Massenschlacht kein Obdach winkt, zwischen den Wolken, in den Einsamkeiten des Luftmeeres, in den noch erdfernen Strahlen der Sonne.

Dort oben ist Jugend! Alle sind sie jung, die in den Lüften kämpfen. Richthofen ist 25 Jahre! Unser größter Held der Luft!

Das ist das Große am sonst so drückenden Gedanken, dass alles ersetzbar ist, dass jede Lücke sich schließt, dass jeder Geburt ein Grabe folgt ... Dass alles Wellen sind im Gestade des Unendlichen! Richthofen hat den Geist Immelmanns und Boelckes und mehr noch, er haucht ihn seiner ganzen Jagdstaffel ein. Noch gilt das Alter oft als ein Heilmittel gegen die Unfähigkeit und die Jugend als ein unverzeihlicher Fehler.

Vielleicht wird sich das einmal ganz ändern und man wird seine »Richthofen« früh und jung dahin stellen, wo sie für das Vaterland wirken können.

❖ ❖ ❖

Friedrich Schiller

Steckbrief

- Geboren am 10. November 1759 in Marbach am Neckar, gestorben am 9. Mai 1805 in Weimar
- Dichter, Dramatiker, Philosoph

Chronik

Wie viel Zeit muss vergehen, ehe die tiefen Wunden, die die Geschichte einem Volk schlägt, nicht mehr spürbar sind? Die Geschichte vergisst ja nichts, und jede Epoche ist ein Produkt der vorangegangenen Ereignisse. Je gewaltiger diese sind, desto deutlicher ist die Erschütterung noch über Jahrhunderte zu spüren. Im 18. Jahrhundert bedeutete dies: die Bauernaufstände, vor allem aber der Dreißigjährige Krieg mit seinen todbringenden Verwüstungen und Epidemien. Das Deutsche Reich also lag nach dem Westfälischen Frieden, der in Wahrheit jede kriegsteilhabende Nation begünstigte mit Ausnahme der deutschen, in vielfacher Zersplitterung, man könnte von außen gemeint haben – um Jahrhunderte zurückgeworfen.

»Friedrich Schillers Leben konnte im Deutschland seines Zeitalters nicht harmonisch und idyllisch verlaufen. Es musste zerrissen sein wie sein Vaterland, es musste von schwersten inneren und äußeren Kämpfen erfüllt sein, da der Dichter sich nicht mit der Knechtung seines Volkes durch die feudalabsolutistische Gewalthaber abfand und von früher Jugend an suchte, rang und kämpfte, um diese Misere Deutschlands zu überwinden.« (Alexander Abusch, SED-Politiker und Journalist, in: *Schiller – Gesammelte Werke in acht Bänden*, Aufbau-Verlag Berlin, 1955)

◈   Karl Bauer, Friedrich Schiller

Und dennoch war gerade das 18. Jahrhundert reich an Geistesgrößen, an Lebenswillen und Auferstehungskraft.

Leben

Mit vierzehn Jahren wird Schiller Eleve an der militärischen Schule des württembergischen Herzog Karl Eugen, der hier seinen Beamten- und Offiziersnachwuchs erziehen lässt. Friedrichs Wunsch war eigentlich, Theologie zu studieren. Schon als kleiner Junge hält er Mutter und Schwester Predigten, Pastor Moser, der Vater eines Freundes, ist sein Idol. Doch der Herzog befiehlt den Gärtnersohn zur Rechtswissenschaft. Der Schulalltag ist bis ins Detail durchreglementiert. Die Seele des freiheitsdurstigen Knaben begehrt dagegen auf – aber unternehmen kann er doch nichts. Seine Leistungen sinken ins Bodenlose, deshalb wird er der medizinischen Fakultät überwiesen. Auch hiergegen sträubt er sich anfangs, meint dann aber zu erkennen, dass die Heilkunde »der Poesie verwandter« sei als die Jurisprudenz. Sein Professor Abel ermöglicht dem lesesüchtigen Schiller (Klopstock geht ihm in dieser Zeit über alles!) den Zugang zu Shakespeare. Der Lehrer berichtet: »Schiller war ganz Ohr, alle Züge seines Gesichts drückten die Gefühle aus, von denen er durchdrungen war, und kaum war die Vorlesung beendet, so begehrte er das Buch von mir und von nun an las und studierte er es mit ununterbrochenem Eifer.«

Gleichgesinnte findet er bald. Gemeinsam lesen, rezitieren und schreiben sie. In dem Dichter Schubart, der als politischer Gefangener des Herzogs auf dem Hohenasperg sitzt, finden sie einen Mann, dem sie glühende Verehrung entgegenbringen können – und Schiller eine gewaltige Quelle der Inspiration. In das Jahr 1779 fällt auch die erste Begegnung mit Goethe. Der zehn Jahre Ältere befindet sich unter den Gästen bei der Stiftungsfeier der Akademie. »Wie gern hätt' ich mich ihm bemerkbar gemacht«, schreibt Schiller danach über den schon bekannten Dichter des »Werther«.

Die Jugendjahre auf der Solitude und in Ludwigsburg sind prägend für Schillers ganzes Leben. Mit dem Sturm-und-Drang-Drama *Die Räuber,* das er mit der Widmung »in tirannos« seinem Herzog zueignet, im Gepäck flieht er vor der Strafe.

Er macht Station in Mannheim und findet Asyl in Bauerbach in Thüringen bei der Familie von Wolzogen. 1785 nach dem Ende seines Engagements am Theater Mannheim findet er einen Freund in Christian Gottfried Körner. »Zu einer Zeit, da die Kunst sich immer mehr zur feilen Sklavin reicher und mächtiger Wollüstlinge herabwürdigt, tut es wohl, wenn ein großer Mann auftritt und zeigt, was der Mensch auch jetzt noch vermag«, hatte dieser dem Dichter gehuldigt. Auf die Zeit in Körners Haus in Dresden-Loschwitz entsteht die *Ode an die Freiheit.* Als Professor in Jena kann Schiller sich vor begeisterten Studenten kaum retten (darunter der Romantiker Novalis), aber er merkt, dass er für den »Magisterquark« nicht taugt. In den 1790er Jahren festigte sich auch die Freundschaft mit Goethe, die Zeitschrift *Horen,* der umfangreiche Briefwechsel und das Balladenjahr sind ihre Früchte.

Mit seiner Frau Charlotte zieht Schiller 1799 nach Weimar. 1802 wird er geadelt. Nach schwerer Krankheit stirbt er am 9. Mai 1805 in Weimar. Er ruht neben Goethe in der Fürstengruft.

Wirken

Goethe vermerkte über Schiller: »In seiner Jugend war es die physische Freiheit, die ihm zu schaffen machte und in seine Dichtung überging, in seinem späteren Leben die ideelle.« Schillers Freiheitsbegriff ist es wohl in der Hauptsache, der ihn zum leuchtenden Idol und Dichter der Jugend machte. Natürlich begrüßte der Hitzkopf, dessen ständige körperliche Angeschlagenheit nicht mit seinem Seelenfeuer korrespondierte, anfänglich die Französische Revolution von 1789, nahm dann aber bald wieder Abstand und prangerte deren falsche Auffassung von Freiheit an. »Ich kann seit vierzehn

◈   1791 schreibt Schiller an seinen Freund Körner:
»Ich treibe jetzt mit großem Eifer kantische Philosophie …
Mein Entschluss ist unwiderruflich gefasst, sie nicht eher zu
verlassen, bis ich sie ergründet habe, wenn mich dieses auch
drei Jahre kosten könnte.« (Zeichnung von Karl Bauer)

Tagen keine französischen Zeitungen mehr lesen, so ekeln mich diese elenden Schinderknechte an.«

In einer Art innerer Emigration gegen die Unzulänglichkeiten der Zeit und seiner Mitmenschen schuf er sich seine eigene Maxime: »Lebe deinem Jahrhundert, aber sei nicht sein Geschöpf. Leiste deinen Zeitgenossen, aber was sie bedürfen, nicht was sie wollen.« Was sie bedurften, steht in seinen Briefen zur ästhetischen Erziehung des Menschen. Deren Grundthese: Der Mensch ist doch zu etwas Besserem geboren! Durch die ästhetische Erziehung soll seine Harmonie hergestellt werden: »Der wahren Kunst ist es ernst damit, den Menschen nicht bloß in einen augenblicklichen Traum von Freiheit zu versetzen, sondern ihn wirklich frei zu machen dadurch, dass sie eine Kraft in ihm erweckt, übt und ausbildet, die sinnliche Welt in ein freies Werk unseres Geistes zu wandeln.« Das Ideal: Die schöne Seele, die sich am Weltgeschehen beteiligt, aber die Integrität des sittlichen Handelns bewahrt.

Weltflucht oder Resignation lehnt er dabei ab: »Aus der Idee kann ohne die Tat nichts werden!« oder »Wo die Tat nicht spricht, da wird das Wort nicht viel helfen.«

Als Dramatiker blieb Schiller unerreicht. Sein letztes abgeschlossenes Stück ist *Wilhelm Tell*. Es gilt als Apotheose des Freiheitswillens eines Volkes, das er durchaus stellvertretend für die eigene Nation im Schweizer Volk sah. Dieses »größte Geschenk der Deutschen an die Schweizer« will als bewusste Anspielung auf alle Sehnsüchte verstanden sein, die Schillers Landsleute in Zeiten der zerfallenden Reichsherrlichkeit nach Einheit und Freiheit empfunden haben. Hätte er den Fall des Reiches 1806 noch erlebt, ist gar nicht auszudenken, mit welchen Flammenreden er zur Befreiung aufgerufen hätte!

So wurde er auch zur Sinnfigur deutscher Einigkeit. An seinen Geburts- und Todestagen glich das allgemeine Gedenken nationalen Feiertagen. Zu seinem 100. Geburtstag 1859 verdichtete Wilhelm Raabe die Stimmung überall im Land:

Die Glocken hallen und die Banner wehen
Dem großen Feste, das wir heut' begehen!
Die Herzen schlagen und die Augen glänzen
Dem stolzen Bilde, das wir heut bekränzen
Am Krönungstag des Geistes, in Tat, in Wort, in Liedern –
Ein einig einzig Volk, ein einzig Volk von Brüdern!

Zeugnis

(Widmung im Geschenkexemplar des *Wilhelm Tell* an den
Reichserzkanzler, den Kurfürsten von Mainz)

Wenn rohe Kräfte feindlich sich entzweien
Und blinde Wut die Kriegesflamme schürt;
Wenn sich im Kampfe tobender Parteien
Die Stimme der Gerechtigkeit verliert;

Wenn alle Laster schamlos sich befreien,
Wenn freche Willkür an das Heil'ge rührt,
Den Anker löst, an dem die Staaten hängen:
– Da ist kein Stoff zu freudigen Gesängen.

Doch wenn ein Volk, das fromm die Herden weidet,
Sich selbst genug, nicht fremden Guts begehrt,
Den Zwang abwirft, den es unwürdig leidet,
Doch selbst im Zorn die Menschlichkeit noch ehrt,

Zum Glücke selbst, im Siege sich bescheidet:
– Das ist unsterblich und des Liedes wert.
Und solch ein Bild darf ich dir freudig zeigen,
Du kennst's, denn alles Große ist dein eigen.

Legende

(Conrad Ferdinand Meyer: *Schillers Bestattung*)

Ein ärmlich düster brennend Fackelpaar, das Sturm
Und Regen jeden Augenblick zu löschen droht.
Ein flatternd Bahrtuch. Ein gemeiner Tannensarg
Mit keinem Kranz, dem kargsten nicht, und kein Geleit!
Als brächte eilig einen Frevel man zu Grab.
Die Träger hasteten. Ein Unbekannter nur
Von eines weiten Mantels kühnem Schwung umgeht,
Schritt dieser Bahre nach. Der Menschheit Genius wars.

❖ ❖ ❖

Albert Leo Schlageter

Steckbrief

- Geboren am 12. August 1894 in Schönau im Schwarzwald, erschossen am 26. Mai 1923 auf der Golzheimer Heide bei Düsseldorf
- Soldat, Freiheitskämpfer

Chronik

Es ist die Zeit, in der ein neues, gewaltiges, alles einnehmendes Wort die Gegenwart zeichnet: Weltkrieg. Die Völker sind gereizt, und auf den großen Schlachtfeldern stürmt und stirbt die europäische Jugend, während Minister und Großindustrielle ihre Stunde gekommen sehen. Doch da sind »Stellungskrieg« und »Rübenwinter«, die eigentlichen Regenten der Stunde und die unbarmherzigen Richter so vieler vergehender Leben.

Im Felde unbesiegt, wird das Deutsche Heer im Rücken geschlagen, nicht durch offenen Kampf, sondern durch Heimtücke und Meuterei. Die rote Revolution peitscht ihre Schüsse durch München, im Ruhrgebiet marschieren französische Kolonialkolonnen und man reißt das Saargebiet aus den Armen des Mutterlandes. Das Kriegserlebnis bringt neue Menschen hervor, man sieht in den Straßen die abgewetzten Uniformjacken, aber auch viele neue Maßanzüge, man sieht die scharf geschnittenen Gesichter der Soldaten, wie man auch dem weichen Lächeln der Kriegsgewinnler begegnet.

Zwischen Betäubung und Bedrängung wogt die Zeit: da ist das bunte, leichte Leben der Salons und zugleich das dunkle, schwere Dasein der Namenlosen, denen der Krieg die Existenz genommen hat. Das Volk ist politisch gespalten, es zerfällt in Kommunisten,

◈ Karl Bauer, Albert Leo Schlageter

Nationalsozialisten, Liberale, Demokraten, Monarchisten. Ein deutscher Nachkrieg tobt, auf den Straßen wie in den Köpfen, manchmal gehen die Risse quer durch Familien, immer aber quer durch das Land. Indessen rollen als Tribut des Versailler Schmähvertrages Kohletransporte über die alliierte Grenzziehung, indes das ganze Volk friert. Es finden feige Übergriffe in Oberschlesien statt, Demütigungen, Verhaftungen, Erschießungen. Und immer und überall: Aufstände, Demonstrationen, Tumult und Geschrei.

Leben

Albert Leo Schlageter wird als Sohn badischer Bauern am 12. August 1894 in Schönau geboren. Er verlebt seine Kindheit in der Heimat, erkundet die ausgedehnten Wälder auf vielen Streifzügen und Wanderungen. Auf Empfehlung des ansässigen Pfarrers, der seine Begabung erkennt, besucht er das Gymnasium in Freiburg. Inmitten der Vorbereitungen für seine Reifeprüfung bricht der Erste Weltkrieg aus. Schlageter legt die Notreifeprüfung ab und meldet sich als Kriegsfreiwilliger an die Front. Er wird am 7. März 1915 mit dem 76. Feldartillerie-Regiment in vorderste Stellung verlegt. Er wird zweimal verwundet und 1917 zum Leutnant befördert.

Sein anfänglicher Wunsch war es, Priester zu werden. Er schreibt sich darum im Wintersemester 1915/16 noch als Student der Theologie an der Freiburger Universität ein. 1919 bricht er jedoch das Studium ab und wendet sich ganz dem Kampf für Deutschland zu. Er tritt in das Freikorps des Freiherrn von Medem ein und beteiligt sich mit diesem am lettischen Unabhängigkeitskrieg gegen die Sowjets. Er wird Batterieführer und ist maßgeblich an der Eroberung Rigas im Mai 1919 beteiligt. Nach dem Rückzugsbefehl der Reichsregierung kommt es zum Aufstand, die im Baltikum eingesetzten Freikorps formieren sich zur Deutschen Legion. Schlageter kämpft sich mit seiner Batterie nach Ostpreußen zurück und überschreitet mit seiner Einheit als einer der Letzten die deutsche Grenze.

In Deutschland hilft er bei der Niederwerfung der kommunistischen Aufstände im Ruhrgebiet. Er nimmt auch an den Kämpfen in Oberschlesien teil.

Wieder zurück geht er in den »aktiven Widerstand« gegen die französischen Besatzungstruppen. Er führt mehrere Sabotageakte durch, sprengt Eisenbahnbrücken und andere Zugverbindungen, die für den Transport der Reparationen genutzt werden. Er ist auf der Flucht vor den alliierten Häschern und wird im Essener Union-Hotel, wo er seine letzte Nacht in Freiheit verbringt, am 7. April 1923 von französischen Soldaten festgenommen.

Am 9. Mai verurteilt ihn ein französisches Militärgericht in Düsseldorf »wegen Spionage und Sabotage« zum Tode. Am 26. Mai 1923 treffen ihn die Kugeln eines französischen Schießkommandos auf der Golzheimer Heide bei Düsseldorf.

Wirken

Albert Leo Schlageters Beispiel ist durch seinen andauernden, hundertfachen Einsatz unter Lebensgefahr ausgezeichnet. Ohne Rücksicht auf sich selbst und immer mit ganzer Persönlichkeit und Entschlusskraft setzte er sein Leben in unzähligen Gefechten für die Befreiung Deutschlands ein. Er stand im Weltkrieg ebenso kämpfend an den Stahlfronten wie im Baltikum oder Oberschlesien. Er zeigte Mut, Witz und Abenteuersinn bei seinen Anschlägen gegen die Entente und war dem Gegner immer einen Schritt voraus. Er ermutigte alle Kämpfenden, alle in Bedrängnis und Unterdrückung Geratenen der schweren Notjahre nach dem Ersten Weltkrieg.

Schlageter wird noch lebend zur Legende: Er ist überall. Von allen Himmelsrichtungen, selbst aus allen politischen Lagern, drängen Bewunderung und Fürsprache sich um seine Gestalt, um sein unermüdliches, forsches Handeln. Wo sein Schritt geht, da horchen die Gefangenen auf, da zittern die Machthabenden. Was aber macht ihn so besonders? Es ist seine Persönlichkeit, die neben der Tatkraft auch den Feinsinn und das Gemüt aufweist. Da ist Umsicht und Überlegung in allem, nicht aber rohe Gewalt und Überstürzung. Da steht ein Herzensmensch dahinter, ein Bauernsohn, einer, der aus den einfachsten Verhältnissen stammt, der Priester werden wollte und doch am Ende ein ganz anderer geworden ist.

Schlageter ist ein Mann aus der Mitte des Volkes, der mit nichts als mit Mut, Sorge, Liebe und Einsatzbereitschaft über die Grenzen des scheinbar Möglichen geht. Ihm gelingt ein Handstreich nach dem anderen. Er ist unsichtbar, ungreifbar und unberechenbar. Er wird zum gefürchteten Phantom für alle Gegner und vor allem für die Besatzer. Wo immer er durch Rede oder Tat oder bloßes Erscheinen sein Wesen zeigt, gibt er ein Beispiel.

Dass dieser junge Held den Tod durch ein Hinrichtungskommando findet, wie einst schon ein Andreas Hofer oder Palm, das bleibt der geheimnisvoll wiederholte Rätselspruch der Geschichte. Vielleicht ist gerade durch seinen frühen Tod sein Handeln umso begreiflicher und zugleich unverlierbarer geworden. Vielleicht ist es gerade die tiefe, nachdenkliche Trauer, die sein selbstloses Opfer umrankt, das still flackernde Licht der ewigen Gedanken, das uns um diesen aufrecht lebenden Gefallenen so tröstlich durch die Zeiten leuchtet.

Zeugnis
(Aus dem Abschiedsbrief an seine Familie)

Es waren seit meiner Verhaftung am 7. April bis heute entsetzliche Tage. An mich konnte ich gar nicht denken. Mein Schicksal war auch Nebensache. Ich habe gehandelt aus Liebe zu Euch, zu meinem Vaterlande. Ich weiß dafür zu büßen. Die Größe meiner Strafe kann mich nicht schrecken noch traurig machen. Wäre ich allein auf der Welt, wüsste ich überhaupt nicht, was es Schöneres geben könnte, als für sein Vaterland zu sterben. Aber um Euch habe ich gebangt Tag und Nacht. Hätte ich Euch das ersparen können, ich wäre gern zwei- oder dreimal vor die Kugeln getreten. Bleibt weiter so tapfer.

Sollte keine Änderung eintreten, dann denkt, ich bin an irgendeiner Krankheit oder sonst etwas plötzlich gestorben, zwar ein paar Jahre früher, als zu erwarten war. Aber das kommt ja öfter vor.

(Schlageters letzte Worte)

Grüßen Sie meine Eltern, meine Geschwister und mein Deutschland! Auf Wiedersehen.

Legende
(Paul Boeddinghaus schrieb 1923 folgende Verse, die
auf die Melodie des Liedes »Ich hatt' einen Kameraden«
zu singen sind.)

Treu bis zur letzten Stunde,
treu deutschem Pflichtgebot,
mit festverschloss'nem Munde
traf dich die Todeswunde,
fielst du für deutsche Not.

Du hast uns wollen zeigen,
was deutscher Mut vermag,
zu kämpfen und zu schweigen,
drum sollen Flammen steigen
aus deinem Sterbetag.

Die Fahne soll sich senken
bei deines Namens Klang,
du sollst den Sinn uns lenken,
wir wollen dein gedenken,
das ganze Leben lang.

❖ ❖ ❖

Ludwig Uhland

Steckbrief

- Geboren am 26. April 1787 in Tübingen, gestorben am 13. November 1862 ebenda
- Dichter, Literaturwissenschaftler, Politiker

Chronik

Was ist des Deutschen Vaterland um 1848? Die Ohren noch rauschend vom Kanonendonner von Leipzig erwachte man nach den Befreiungskriegen in tiefer Ernüchterung. Napoleon war besiegt, seine Truppen standen nicht mehr auf deutschem Boden, aber wo war das einige Deutschland, das man sich mit dem heiligen Kampf gegen das französische Joch erstreiten wollte? Die Gefahr noch wenige Jahre zuvor hatte sie doch alle zusammengeschweißt, die Landeskinder der einzelnen deutschen Staaten, auch ihre Herrscher standen gemeinsam.

Und jetzt sollte das alles zerredet werden? Ein Deutsches Reich im Herzen Europas – das ließen die Großmächte des Wiener Kongress nicht zu und zerstörten, was den Deutschen während der entbehrungsreichen Zeit im Herzen gebrannt hatte. Wo aber war nun Deutschland? Noch war es in den Sagen und Liedern, in der gemeinsamen Sprache, der gemeinsamen Geschichte und Kultur seiner Stämme zu suchen. Das jedoch reichte nicht. Ein lang geträumter Traum vom Reich lag vor den Revolutionären der Vormärzzeit.

◆ Karl Bauer, Ludwig Uhland

Leben

Wahrscheinlich kann niemand in braveren und anständigeren Verhältnissen zur Welt kommen als Ludwig Uhland. Der Vater, Sohn eines Theologieprofessors in Tübingen, ist Universitätssekretär, die Mutter Elisabeth, geborene Hofer, die Tochter seines Amtsvorgängers. Doch brav meint nicht gleich bieder und zurückhaltend. Im Gegenteil. Man sagt, Uhland habe das Temperament und die Fantasie von seiner Mutter, Rechtssinn und Unbeugsamkeit von seinem Vater geerbt. Beides wird er einst in den Dienst des Vaterlandes stellen.

Ludwig ist ein begabter Schüler, voll ehrlichem Interesse und Fleiß. Schon 1801, mit vierzehn Jahren, darf er auf die Universität, um Jura zu studieren! Doch seine heimliche Leidenschaft ist die Sprache. Auch das Lateinische gehört zu seinem Kanon, aber viel lieber verschlingt er die historischen Berichte des altdänischen Geschichtsschreibers Saxo Grammaticus und Heldensagen. Die ersten nordischen Szenen, die einem literarischen Anspruch genügen, schreibt Uhland im Jahr 1804: »Die sterbenden Helden« und »Der blinde König«. Uhland wird ein Verfechter der neu aufkommenden Kunstform der Romantik, die sich gerade gegen die Klassik positioniert.

Mit schwäbischer Gewissenhaftigkeit betreibt er trotzdem sein Studium weiter, besteht 1808 das Examen und erwirbt zwei Jahre darauf den Doktorhut. Während einer Reise nach Paris lernt er Varnhagen und Chamisso kennen. Mehr als für juristische Zwecke (er soll in Paris das französische Rechtssystem kennenlernen, ist seine Heimat Württemberg doch seit zwei Jahren Mitglied im Rheinbund) nutzt er seinen Aufenthalt für das Studium der altfranzösischen Literatur. Nach der Rückkehr lernt er den Sagensammler Gustav Schwab kennen, der Student in Tübingen ist. Seine erste Stelle als Sekretär beim Stuttgarter Justizministerium behagt Uhland überhaupt nicht.

1813 verliert er zwei enge Freunde. Sie sind als Württemberger Landeskinder im Russlandfeldzug Napoleons geblieben, den einen von ihnen verewigt er in einem Gedicht: »Denkmal Friedrichs von

Harpprecht«. Uhland erkennt in Napoleon einen gefährlichen Feind. Viele seiner Gedichte erhalten nun eine patriotische Färbung.

1811 sammeln sich die schwäbischen Romantiker. Am *Poetischen Almanach für das Jahr 1812* und an dem 1813 herausgegebenen *Deutschen Dichterwald* ist Uhland beteiligt. Im Sommer 1815 bringt Cotta seine *Gedichte* heraus.

Während der Verfassungskämpfe um 1815 ist Uhland Wortführer der Partei der altwürttembergischen Verfassung, des »alten, guten Rechts«, also Anhänger einer konservativen Strömung, aber mit liberaldemokratischer Tendenz. 1820 bis 1826 und 1833 bis 1838 gehört er dem württembergischen Landtag in der liberalen Opposition an, ohne extreme Meinungen zu artikulieren, »aber mit der Festigkeit und Unerbittlichkeit eines Mannes, der seiner Sache gewiss war und sich gegenüber seiner bedächtig erwogenen Ansicht weder durch Namen noch Programme imponieren ließ« (*Deutsches Biographisches Lexikon*). Uhland macht sich einen Namen als dickköpfiger Demokrat.

Seit 1820 ist er mit Emilie Vischer verheiratet. Die Ehe war glücklich, blieb aber kinderlos. In seiner »Emma« hatte der Dichter eine treue, verstehende Seele gefunden. Später schrieb Emilie Uhland die Biographie ihres Mannes.

Am 29. Dezember 1829 wird Uhland zum außerordentlichen Professor der deutschen Sprache und Literatur in Tübingen ernannt. Er liest: Sommer 1830 *Geschichte der deutschen Poesie im Mittelalter,* Winter 1830/31 *Nibelungen,* Sommer 1831 *Geschichte der deutschen Poesie im 15. und 16. Jahrhundert,* Winter 1831/32 *Sagengeschichte der germanischen und romanischen Völker,* alles ganz nach seiner alten Passion. Um 1833 erneut in den Landtag einziehen zu können, quittiert er den Staatsdienst. Trotzdem setzt er seine gelehrte Tätigkeit verstärkt fort. Sie richtet sich, wie in der Hauptsache schon zuvor, auf Volkspoesie und Volkssagen.

Am 26. April 1848 wird Uhland vom Wahlbezirk Tübingen-Rottenburg in die Nationalversammlung nach Frankfurt entsandt. Hier gehört er der äußersten Linken, aber entschieden patriotisch, an.

Nachdem Friedrich Wilhelm IV. die Kaiserwürde abgelehnt hat und die meisten Parlamentarier die Paulskirche verlassen, ruft Uhland noch zum Ausharren auf.

Den Bankrott des deutschen Traums beantworte der Dichter aber dann mit der Zurückgezogenheit ins Private. Bei den Festlichkeiten zu Schillers 100. Geburtstag am 10. November 1859, die in ganz Deutschland zur Demonstration des Einheitswillen genutzt werden, tritt er noch einmal öffentlich auf. Die Feiern zu seinem eigenen 75. Geburtstag verfolgt er nur noch vom Krankenbett. Am 13. November 1862 stirbt er in Tübingen. In Extrazügen von Stuttgart reisen Trauernde drei Tage später zu seiner Beerdigung.

Wirken

Seine Wirkung und Leistung als Dichter fasste der Germanist Walter Jens in seinem Aufsatz »Unser Uhland« vor 25 Jahren ganz gut zusammen: »Uhland, das sei nicht vergessen, war im 19. Jahrhundert in Paris fast so berühmt wie in Stuttgart, und was sein Echo in Deutschland anging, in Preußen, Bayern und Hessen, so war sein Werk in einem Maß verbreitet, von dem selbst Olympier nicht zu träumen wagten: 47 Auflagen von Uhlands Gedichten, ein Jahr nach seinem Tod; was sind, daran gemessen, die vier- oder fünftausend Fontane-Romane oder gar *Die Wahlverwandtschaften* von Goethe, deren erste Auflage noch zu Beginn unseres Jahrhunderts lieferbar war? Wie anders da Uhland!«

Seine vaterländischen Gesängen waren im ganzen Land bekannt. Seine Heimat Württemberg pries er als ein Land, das unmittelbar zu Gott zu stehen schien. Seine berühmteste Ballade, des ‚Sängers Fluch‘, hatten Heerscharen von Primanern auswendig zu lernen, und Joseph von Eichendorff gestand ihm zu, der »letzte Großmeister der romantischen Dichtung« zu sein. Die Dreieinigkeit, Poet, Gelehrter und verlässlicher, aufrechter und wackerer Deutscher verkörperte Uhland, so Jens, wie kaum ein zweiter. »Uhland, der, weit entfernt von Versatilität und genialischer Pose, als der große Handwerksmeister erschien: ein Hans Sachs aus Nürnberg, den es, Jahrhunderte später, nach Tübingen und Stuttgart unter die Schwaben verschlug.«

Aus seiner Gelehrtenstube verschlug es den treuen Schwaben mitten in die verstricktesten Händel der Politik seiner Zeit. Er führte das geschliffene Wort wie eine Waffe, seine Reden werden Predigten der Freiheit, wenn er auf Mensur für das Recht seines Volkes. Als Abgeordneter der Paulskirche wandte er sich vehement gegen den Ausschluss Österreichs und gegen ein erbliches Kaisertum. Er stimmte auch nicht für Erzherzog Johann, sondern für Gagern als Reichsverweser. Seine politische Idee fußte auf dem Fundament, das sein romantisches Verständnis für die vergangene Herrlichkeit des Reiches gelegt hatte. Durch Männer wie Uhland durchzuckte das laute liberale Gerufe auf einmal hell und deutlich der Gedanke vom Reich und von der Kaisermacht, von einer Verfassung aus altem Recht.

Unsterblich aber wurde Uhland mit einem einzigen Gedicht, mit den Versen vom guten Kameraden. 1809 war es unter dem Eindruck des Tiroler Volksaufstandes gegen Napoleon entstanden. Es wird als Weihelied bei Totenehrungen angestimmt und ist heute Bestandteil des Großen Zapfenstreichs.

Zeugnis
(Rede über die Wahl des Reichsoberhauptes am 22. Januar 1849
vor der Deutschen Nationalversammlung in Frankfurt)

Ich lege noch meine Hand auf die alte offene Wunde, den Ausschluss Österreichs. Ausschluss, das ist doch das aufrichtige Wort; denn wenn ein deutsches Erbkaisertum ohne Österreich beschlossen wird, so ist nicht abzusehen, wie irgend einmal noch Österreich zu Deutschland treten werde. Auch ich glaube an die erste Zeit erinnern zu müssen. Als man Schleswig erobern wollte, wer hätte da gedacht, dass man Österreich preisgeben würde? Als die österreichi-

◈ Karl Bauer, Uhland

schen Abgesandten mit den deutschen Fahnen und mit den Waffen des Freiheitskampfes in die Versammlung des Fünfziger-Ausschusses einzogen und mit lautem Jubel begrüßt wurden, wem hätte da geträumt, dass vor Jahresablauf die österreichischen Abgeordneten ohne Sang und Klang aus den Toren der Paulskirche abziehen sollten?

Die deutsche Einheit soll geschaffen werden; diese Einheit ist aber nicht eine Ziffer; sonst könnte man fort und fort den Reichsapfel abschälen, bis zuletzt Deutschland in Liechtenstein aufginge. Eine wahre Einigung muss alle deutschen Ländergebiete zusammenfassen. Das ist eine stümperhafte Einheit, die ein Drittel der deutschen Länder außerhalb der Einigung lässt. Dass es schwierig ist, Österreich mit dem übrigen Deutschland zu vereinigen, wissen wir alle; aber es scheint, manche nehmen es auch zu leicht, auf Österreich zu verzichten. Manchmal, wenn in diesem Saale österreichische Abgeordnete sprachen, und wenn sie gar nicht in meinem Sinne redeten, war mir doch, als ob ich eine Stimme von den Tiroler Bergen vernehme oder das Adriatische Meer rauschen höre. Wie verengt sich unser Gesichtskreis, wenn Österreich von uns ausgeschieden ist! Die westlichen Hochgebirge weichen zurück; die volle und breite Donau spiegelt nicht mehr deutsche Ufer.

Es genügt nicht, staatsmännische Pläne auszusinnen und abzumessen, man muss sich in die Anschauung, in das Land selbst versetzen, man muss sich vergegenwärtigen die reiche Lebensfülle Deutsch-Österreichs. Welche Einbuße wir an Macht, an Gebiet, an Volkszahl erleiden würden, das ist hinreichend erörtert, ich füge nur eines bei: Deutschland würde ärmer um all' die Kraft des Geistes und Gemütes, die in einer deutschen Bevölkerung von acht Millionen lebendig ist. Ich glaube, meine Herren, dass, wenn wir mit einem Bundesstaat ohne Österreich nach Hause kommen, unser Werk nicht überall wird gelobt werden; ich glaube namentlich dieses von dem südlichen Deutschland sagen zu können, wo zwischen der dortigen Bevölkerung und der österreichischen eine nahe Verwandtschaft der Naturanlagen und der geschichtlichen Erinnerungen obwaltet. Schonen Sie, meine Herren, das Volksgefühl!

Ich werde gegen meinen Landsmann, der vor mir gesprochen, keinen Bürgerkrieg führen, aber ich glaube doch sagen zu können, dass auch meine Gesinnung in dieser Beziehung nicht in der Luft hängt. Wir wollen meine Herren – gestatten Sie zum letzten Mal! – einen Dombau; wenn unsere alten Meister ihre riesenhaften Münster aufführten, der Vollendung des kühnen Werkes ungewiss, so bauten sie den einen Turm, und für den andern legten sie den Sockel – der Turm Preußen ragt hoch auf, wahren wir die Stelle für den Turm Österreich!

Legende
(Aus: Emanuel Geibel: *Ludwig Uhland*)

Es ist ein hoher Baum gefallen,
Ein Baum im deutschen Dichterwald;
Ein Sänger schied, getreu vor allen,
Von denen deutsches Lied erschallt.

Wie stand mit seinem keuschen Psalter
Im jüngern Schwarm er stolz und schlicht!
Ein Meister und ein Held wie Walther
Und rein sein Schild wie sein Gedicht.

Drum, wenn wir seinen Weisen lauschen,
Umweht es uns wie Heimatluft,
Wir hören deutsches Waldesrauschen,
Wir atmen deutschen Maienduft.

Und wenn mit männlich ernstem Fodern
Sein Lied nach Freiheit ruft und Recht,
Auch das ist deutschen Geistes Lodern,
Beharrlich, prunklos, stark und echt.

Es lehrt uns – was das Schicksal sende –
Dem Weltlauf fest ins Auge schaun;
Es lehrt uns treu sein bis ans Ende
Und auf der Zukunft Sterne traun.

Er schied; es bleibt der Mund geschlossen,
So karg im Wort, im Lied so klar,
Der Mund, draus nie ein Spruch geflossen,
Der seines Volks nicht würdig war.

Doch segnend waltet sein Gedächtnis,
Unsterblich fruchtend um uns her;
Das ist an uns sein groß Vermächtnis,
So treu und deutsch zu sein wie er.

❖ ❖ ❖

❖   Karl Bauer, Albrecht von Wallenstein

Albrecht von Wallenstein

Steckbrief

- Geboren am 24. September 1583 in Hermanitz an der Elbe, ermordet am 25. Februar 1634 in Eger
- Herzog, Oberbefehlshaber im Dreißigjährigen Krieg

Chronik

Das 16. Jahrhundert lässt unermessliche Umwälzungen hinter sich zurück: Martin Luther schlägt seine Thesen an die Wittenberger Kirche und hält die gewaltige Standrede in Worms, der neue Kontinent, das junge Amerika, wird offiziell entdeckt, Kopernikus lässt durch geniale Sternenlaufbeobachtungen die Erde um die Sonne kreisen und entmachtet die kirchlichen Dogmen, der Gregorianische Kalender, nach Papst Gregor XIII., wird in zahlreichen Ländern Europas eingeführt.

Neben diesen weitgehend religiösen Aspekten treten die großen Gelehrten und Künstler in die Geschichte und die gewaltigen Weltveränderer: Michelangelo, Leonardo da Vinci, Paracelsus, Albrecht Dürer, Erasmus von Rotterdam. Die Liste der bedeutungsvollen Namen wäre lange fortzusetzen. Es ist eine Wendezeit. Das Mittelalter tritt ins Dunkel der Vergangenheit zurück, aus dem es gekommen war und in dessen verworrene Fülle und Finsternis es sich hüllte. Die Kriegstechnik entwickelt sich durch die Erfindung des Schießpulvers zu ungeahnten Dimensionen der Zerstörungskraft. Der Kriegsdienst verändert dadurch völlig sein Wesen. Die Zeit wird mit mechanischen Uhren so messbar gemacht wie noch nie und gewinnt einen neuen, alles verändernden Stellenwert in der Organisation des Alltags.

Es ist eine Zeit der Not, der Unsicherheit, des Aberglaubens und gleichzeitigen Aufbrechens tiefster Naturgeheimnisse. An der dunklen Schwelle des neuen Jahrhunderts steht noch der helle Scheiterhaufen Giordano Brunos, des großen Astronomen und Philosophen, der als Mystiker wegen Ketzerei im Jahr 1600 in den Feuertod befohlen wird. Das Flammenfanal wird ein vorgezogenes Symbol für das zentrale Ereignis des 17. Jahrhunderts sein, die verbrannte Erde des Dreißigjährigen Krieges, der halb Europa zerstören und um Jahrzehnte zurückwerfen wird.

Leben

Albrecht Eusebius Wenzel von Wallenstein entstammt einem gering begüterten böhmischen Geschlecht, das seinen Namen von der Stammburg Waldstein bei Turnau herleitet. Er wird am 24. September 1583 auf dem väterlichen Gut Hermanitz geboren. Früh verwaist wird er nach Olmütz auf die Schule der Jesuiten gegeben, wo er zum Katholizismus übertritt, den er jedoch nicht mit übergroßen Eifer vertritt. Er besucht anschließend die protestantische Universität in Altdorf und begibt sich dann auf ausgedehnte Reisen durch Deutschland, Holland, England, Frankreich und Italien, wo er sich längere Zeit in Padua und Bologna aufhält. Er kehrt zurück und tritt in das österreichische Heer. In Ungarn kämpft er gegen die Türken. 1604 wird er für seine großen Leistungen zum Hauptmann ernannt.

1606 heiratet er Lukretia von Landeck, die ihm beim Tode 1614 ihre großen in Mähren liegenden Güter hinterlässt. Darüber hinaus erbt er bedeutenden Grundbesitz von seinem Onkel. 1617 unterstützt Wallenstein bereits den Erzherzog, später dann Kaiser Ferdinand II., mit selbstgeworbenem Volk gegen Venedig und zeichnet sich besonders bei dem Entsatz von Gradiska aus, wofür er die Beförderung zum Oberst und den Grafentitel erhält.

Gegen die aufständischen Böhmen stellt er 1618 dem Kaiser ein Kürassierregiment, das in der Schlacht am Weißen Berge ficht. Nach dem

Krieg gegen die Böhmen erwirbt er einige Besitzungen der konfiszierten Güter, darunter die Herrschaften Friedland und Reichenberg.

Der Dreißigjährige Krieg hat nun bereits sein schwarzes Fahnen- und Bahrtuch über die kommenden Jahre geworfen, mit Pest, Brand und Tod. 1624 stellt Wallenstein an den Kaiser die Bitte, eine eigene Armee ins Feld stellen zu dürfen. Der Kaiser willigt ein und verleiht Wallenstein, der 20 000 Mann wirbt, den Titel Generaloberst-Feldhauptmann und ernennt ihn überdies zum Herzog von Friedland. Wallenstein schlägt den Söldnerführer Mansfeld, während ein wallensteinisches Hilfskorps dem General Tilly gegen Christian IV. von Dänemark hilft. Wallenstein verteidigt auch die kaiserliche Erblande in Siebenbürgen gegen Angriffe.

Es folgen zahllose militärische Glanzstücke und Erfolge, unter anderem bei der Belagerung Stralsunds, doch am Ende fällt er in Ungnade, wird abgesetzt und von kaisertreuen Offizieren in Eger am 25. Februar 1634 ermordet.

Wirken

Wallenstein tritt als willensstarker Stratege in die Weltgeschichte. Sein Beispiel zeigt, wie sehr feste Entschlossenheit bei noch geringsten Voraussetzungen das Höchste zu erzielen vermag. Wallenstein hat sich durch eine Reihe wohl durchdachter Entschlüsse stets in beste Ausgangsstellung zu setzen gewusst, alles Weitere war seiner großen Persönlichkeit, dem militärischen Geschick und dem genialisch erwägendem Verstande zu danken. Er hat es vermocht, in dem gewaltigen Kriegsgetümmel des großen Glaubens- und Machtkrieges zahllose Siege zu erringen.

Seinem Vormarsch folgten die gewittrigen Linien- und Grenzziehungen der europäischen Landkarte. Seine Truppen waren geachtet wie gefürchtet, sie waren der eiserne Besen auf der Tenne der fürchterlichen Glaubensschlacht, die am Ende Zweidrittel des deutschen Volkes ausgelöscht haben wird. Aber nach dem anfänglich glanzvollen Aufstieg Wallensteins erhält sein Lebensweg den umschatteten Schriftzug des Tragischen: Auf dem Höhepunkt seiner Macht kommt es zum Zerwürfnis mit dem Kaiser. Der Glücksstern Wallensteins sinkt hinab in die Niederungen des Verrats, Treuebruchs und der Verdächtigungen. Er, der einst vor seinen Soldaten mehr galt als der Kaiser, wird nun, um Kaisers Willen, von den Soldaten ermordet.

Er nimmt die große unbekannt gebliebene Zukunft seines Lebens und Wirkens mit in die Erde. Aber er fasziniert und elektrisiert, vielleicht gerade auch um dieses unbegreiflich jähen Ablebens, die Menschen der nachfolgenden Generationen. Wallenstein wird in der Literatur seinen Unsterblichkeitssieg feiern. So zählt ein Literaturkritiker des Jahres 1878 bereits über 800 erschienene Bücher und Schriften über Wallenstein, darunter auch Schillers gewaltiges Drama, das dem Helden des großen Krieges einen weiteren unverwüstlichen Denkstein setzt.

Zeugnis
(Wallenstein in einem Brief an den
Landeshauptmann von Friedland)

Wohlgeborner lieber getreuer, Wir thuen Euch hiermit zue wissen, dass Wir unnsers verstorbenen Baumaisters, Andreas Spezza, beyden hinderlassenen Söhnen, Antonio und Petro Spezzen, Ihres Vaters monatliche gehabte Ordinari besoldung, benentlich Dreissig Gülden Reinisch, ieden zu Sechzig Kreüzern gerechnet, und also Jeder Person Funffzehen Gulden, biß auf Ihre lebenß Zeit, iedes Monats auß Unsern Renten, reichen zu lassen, gnedigst bewilliget haben. Derowegen ahn Euch der befehl, daß Ihr solches Unnser Cammer zu wissen machet, unnd ad notam nehmmen lasset, damitt obgenanntten gebrüedern solcher Monath Soldt, allewege geliefert werde. Deme Ihr Recht zu tun wisset, unnd verbleiben Euch mit Furstlichen gnaden gewogen. Gitschin, den 29. Martij Anno 1628.

Herzog von Friedtland

Legende

(Friedrich Schiller, in: *Wallensteins Tod*)

WALLENSTEIN:

In meiner Brust war meine Tat noch mein.
Einmal entlassen aus dem sichern Winkel
des Herzens, ihrem mütterlichen Boden,
hinausgegeben in des Lebens Fremde,
gehört sie jenen tück'schen Mächten an,
die keines Menschen Kunst vertraulich macht.

❖ ❖ ❖

Wolfram von Eschenbach

Steckbrief

- Geboren um 1160/80, wahrscheinlich im heutigen Wolframs-Eschenbach bei Ansbach, gestorben nach 1220
- Minnesänger, Erzähler, Dichter des *Parzival*

Chronik

Das 12. Jahrhundert – das hohe Mittelalter, die Zeit, nach der sich die deutsche Romantik mit aller Kraft zurücksehnte. Deutschland stand in der Blüte und in voller Kraft. Die legendären Stauferkaiser herrschten im Land. Nicht umsonst entstand die Sage vom schlafenden Kaiser im Kyffhäuser, die zuerst Friedrich II., dann aber bald schon Kaiser Barbarossa meinte. Der ehrliche Wunschtraum nach dieser guten alten Zeit lebt ganz darin.

Viele Versuche, das Mittelalter zu vergällen, scheiterten – auch heute noch. Die Mär von der finsteren Epoche, angeblich nur geprägt von Aberglauben, schlechten hygienischen Zuständen, ständigen Kriegen, bitterkalten und unsagbar langweiligen Abenden auf den Burgen so ganz ohne Fußbodenheizung und Fernseher, hielt dieser Sehnsucht nicht stand. Heute bricht sie sich in den unzähligen, viel gelesenen Historienromanen und beliebten Historienfilmen ihre Bahn.

Doch hatte auch Deutschland im zwölften Jahrhundert eine Vision von einer besseren Zeit? Das gewaltige Nibelungenlied vergegenwärtigt Stoffe, Ereignisse, Namen und Geschehnisse aus der umdüsterten Völkerwanderung – nichts aber in romantisch verklärtem Licht. Und dennoch bestand eine Sehnsucht, nicht vielleicht nach einer Idealzeit, sondern nach einer Idealwelt. Von Britannien über

◈ Karl Bauer, Wolfram von Eschenbach

die Normandie klang die Sage von König Artus Tafelrunde nach Deutschland, einer Versammlung trefflicher Männer, die doch in aller Vorbildlichkeit nicht mit Sünden, Vergehen und Sühne spart. Darum hat wohl die Romantik auch ihr Mittelalter so geliebt: weil es Menschliches Allzumenschliches anerkannte und besang.

Leben

Fast alles, was wir über Wolframs Leben wissen wollen, liegt unter dem Dunkel der Jahrhunderte. Spärlich sind die Hinweise und Berichte gesät, die verlässliche Ernte bedeuten würden. So reimen wir uns manches in seinem Leben selbst zusammen.

Was wir einigermaßen sicher wissen: Er stammt aus Franken, geboren vermutlich in Eschenbach nahe Ansbach, das ihm zu Ehren heute seinen Namen trägt. Wolfram war Spross eines verarmten fränkischen Ministerialgeschlechts, aber ritterlichen Standes. Dass er trotzdem stolz darauf ist, erzählt er uns selbst. Nicht nur das, er verkündet: »Ich bin Wolfram von Eschenbach, und ich kann auch Lieder machen!« Ein ehrsinniges Bekenntnis zu seinem Künstlertum, das umso forscher ausfällt, wenn er doch gleich zugibt: »Ich bin nicht schriftgelehrt.« Wie aber kann es sein, dass er sich dennoch Verse untertan machte, die fast ein Jahrtausend später nichts von ihrer Gültigkeit verloren haben? Wie kann es sein, dass ein Dichter ihn lobte: »Laienmund nie besser sprach«?

Zunächst begann der junge Ritter Wolfram seine Wanderungen und tat Dienst an verschiedenen Höfen. Auf der Burg Heilstein im Bayerischen Walde verkündet er den Preis der Markgräfin von Vohburg, der Schwester des Herzogs Ludwig von Bayern. Er gelangt auch zu den Herren von Dürn, einem staufischen Adelsgeschlecht. Auf deren Burg im sagenumwobenen Odenwald beginnt er mit der Arbeit an seinem Jahrtausendepos *Parzival*. Der kunstsinnige thüringische Landgraf Hermann I. nimmt ihn in Dienst, und am Hofe des großen Förderers der Literatur seiner Zeit vollendet Wolfram das Werk. Bei Hermann auf der Wartburg war er vorher schon oft zu Gast. In seinen Werken schreibt er mehrfach über den Fürsten.

Dichterruhm macht leider weder reich noch satt. Doch mit Frau und Kind lebte Wolfram in solch glücklichen Verhältnissen, dass er ohne Bitterkeit über seine Armut scherzen durfte. Bevor er den Schlussstein zu seinem Epos *Willehalm* setzen konnte, segnete der Dichter das Zeitliche. Er wurde in der Frauenkirche zu Eschenbach bestattet. Der Deutsche Orden, dem der Ort im 13. Jahrhundert als Besitz zufiel, pflegte das Grab. 1608 kam der Nürnberger Reichsschultheiß Hans Wilhelm Kress hierher und entzifferte auf dem Stein die Inschrift: »Hie ligt der streng Ritter herr Wolffram von Eschenbach ein Meister Singer«.

Wirken

Wolfram lässt das Gefühl herrschen, wo er Bildungsarmut vortäuscht (er war sicher verständiger und gelehrter, als er vorgab, dass er Analphabet gewesen sein will, ist kaum zu glauben …). Er nimmt alles auf, was er aufnehmen kann, die sinnlichen Eindrücke seiner Umwelt genauso wie das, was ihm aus Sternenkunde, Medizin, Theologie oder auch Geologie zugänglich ist.

Die Jahrhunderte davor und auch danach haben keinen Epiker gesehen, dessen Sprachgewalt sich mit der Wolframs messen kann. Er folgt zwar nicht den starren Regeln der Rhetorik, sondern verspottet ihre Schranken, indem er jedem Vers den leidenschaftlichen Auftrag erteilt, die Überfülle der Gedanken irgendwie in den wenigen Zeilen unterzubringen und mit neuem Reiz zu beflügeln. 25 000 paargereimte Verse braucht er, um die Legende des Parzival aus französischen Quellen und Vorbildern für ein deutsches Publikum umzugestalten. Neben dem gewitzten Schelm Eulenspiegel und dem ewigen Sucher Faust ist der reine Tor Parzival die dritte Verkörperung der deutschen Seele (sagt Klabund in seiner Darstellung der deutschen Literaturgeschichte).

Wer immer strebend sich bemüht, dichtet Goethe, kann erlöst werden. Wolfram sieht darin den Steten und Treuen. Parzival ringt sich aus tiefer Verworrenheit über einen schweren Weg der Läuterung zu Vollendung und Heil durch. Wolfram gelingt es, den gewichtigsten Gehalt des europäischen Gedanken vom Rittertum hier zu verewigen. Hauptsächlich unterscheidet ihn vom französischen Vorbild des Chrestien de Troyes ein Motiv: Wolfram erst macht deutlich, welcher Verfehlung Parzival sich schuldig macht, wenn er die Frage des Mitleids im Angesicht des Gralskönigs Amfortas unterlässt. Protestiert hier ein Früher im Namen der Menschlichkeit gegen Taubheit, Schweigen, Ignoranz?

1217 beginnt Wolfram den *Willehalm*, das tiefsinnige Werk eines reifen Mannes. Die Ritter des Deutschen Ordens kannten und verehrten dieses Heldenepos wie sonst nur das *Rolandslied.* Der Reichsgedanke ist in diesen Zeilen ganz lebendig. Das letzte, was Wolfram vor seinem Tod dichtet, sind die Verse über die Versöhnlichkeit und Großmut des Helden: Die gefallenen Heiden lässt er nach ihrem eigenen Ritus bestatten.

Zeugnis

Die Lieb' hat Freude wie Beschwer.
Wer der Liebe Freud und Qualen
legt' in verschiedne Waagschalen,
hielt er ewig sich am Wägen,
sie blieben gleichschwer allerwegen.

Hat ein Herz getreue Sinne,
so wird's nimmer frei von Minne,
sei's zur Wonne, sei's zur Pein;
wahre Minn' ist Treu allein.

Heilung bedeutet, dass der Mensch erfährt, was ihn trägt, wenn alles andere aufhört, ihn zu tragen.

Legende
(aus Klabund: *Deutsche Literaturgeschichte in einer Stunde*, 1922)

Ein jüngerer Zeitgenosse von Hartmann ist Wolfram von Eschenbach. Er war ein armer Teufel wie Walter von der Vogelweide, mit dem er am Hofe des Landgrafen von Thüringen öfter zusammentraf. Als er 1217 dem Hofleben für immer den Rücken wandte und auf sein kleines Gut heim zu Weib und Kind ritt, vollzog er eine symbolische Handlung. Er kehrte wirklich heim: zu sich, in sich. Er hatte die höfische Minne, die schon einen eigenen Komment entwickelte, dessen Verstöße unnachsichtlich geahndet wurden, von Herzen satt und sehnte sich nach einem einfachen, ungezierten Wort aus unverzerrtem Frauenmund.

Nach Lippen, die ohne Anfragung einer Etikette auf den seinen lagen, nach einem Herzen, das ihm herzlich zugetan war. Nach einem Kinde, das nicht »Fräulein« oder »junger Herr« tituliert wurde, sondern mit dem er reiten und spielen durfte wie mit sich selbst. Er hatte 1200 bis 1210 in 24 810 Versen im *Parzival* den Ritterroman der Deutschen geschaffen, er hatte ihnen den Spiegel vorgehalten. Aber es war schon eine vergangene edlere Zeit, die sich in ihm spiegelte. Der Dichter ist oft nur der Vollstrecker des letzten Willens einer Epoche, der er schon längst nicht mehr angehört. Der Stoff ist französischen und provenzalischen Vorbildern entnommen. Die Idee der Erlösung christlich. Aber der Leidens- und Freudensweg, den Parzival gehen muss, seine Entwicklung vom ahnungsvollen, aber ahnungslosen Kind zum seiner Seele bewussten Mann ist ganz Wolframsche Prägung. Er ist den Weg des Knaben Parzival selbst gegangen.

Gottfried von Straßburg (um 1210), Wolframs größter Zeitgenosse, war auch sein größter Gegner. Er fand den Parzival dunkel und verworren, ohne einheitliche Handlung und stellenweise schwer verständlich. Im *Tristan* stellte er dem *Parzival* sein Ritterepos gegenüber: von einer leidenschaftlichen Klarheit des Themas und der Formulierung und trotz der Leidenschaft nicht ohne Zierlichkeit und Zartheit. Er hatte von seinem Standpunkt mit der Beurteilung des *Parzival* Recht. In Wolfram und Gottfried spitzten sich, wie später bei Goethe und Schiller, zwei dichterische Typen bis ins Polare zu: der Pathetiker und der Erotiker. Wolfram-Schiller, das besagt: Kampf, Forderung, Dornenweg, Verblendung und Erlösung, Gottesminne, Jenseits. Goethe-Gottfried, das heißt: Sein, Genuss, selbst des Schmerzes, Blumenpfad, Sonnenblendung, Glanz und Erfüllung: Menschenminne, Diesseits.

❖ ❖ ❖

Weitere Titel aus dem Verlagsprogramm